孫正義社長に学んだ「10倍速」目標達成術

【新書版】夢を「10倍速」で実現する方法

Takenobu Miki
三木　雄信

PHP
Business Shinsho

JN150380

PHPビジネス新書

この作品は、2015年8月にPHP研究所より刊行された『夢を「10倍速」で実現する方法』を改題し、新書化したものである。

はじめに

皆さんは、誰かと四六時中ずっと一緒にいるという経験をしたことがあるでしょうか。

〝ずっと〟というのは、朝も夜もなく、時には休日も関係なく、一年を通じてほぼ毎日という意味です。

二十代半ばから三十代にかけて、私はそれを経験しました。

一緒にいた相手は、ソフトバンクグループ社長の孫正義氏です。

当時、ソフトバンクの社長室長を務めていた私の毎日は、次のようなものでした。

朝は、孫社長と朝食をとりながらのミーティングでスタート。昼も食事をしながら、ホワイトボードを前にミーティング。夕食も会議をしながらとる場合がほとんどでした。

こうして三食をともにしながら、早朝から深夜まで一緒にいるのが当たり前だったのです。

もちろん、取引先との交渉や会食、海外出張などにも同行しました。しかも、深夜早朝でも、土日でも、何かあれば携帯電話に連絡が入ります。感覚的には、二十四時間そばにいるようなものです。

ある年の正月には、孫社長の自宅に突然呼び出されました。何ごとかと思いきや、開口一番に言われたのは「今年の年間計画を作るぞ！」。

結局、だだっ広い部屋に孫社長と二人きりで、紙に図や表を描きながら、ああでもないこうでもないと計画を練り上げました。

孫社長が十九歳の時に「人生五十年計画」（八〇ページ参照）を立てたことはよく知られていますが、こうして一年ごとの計画も綿密に立てていたのです。

もう十五年以上前のことですが、計画を立てることに対する孫社長の熱意と気迫は今でも鮮明に覚えています。

ソフトバンクが急成長を遂げた時期に孫社長のもとで大型プロジェクトを担当

また、孫社長のもとでは、いくつもの大型プロジェクトを担当しました。

・マイクロソフトとのジョイントベンチャーで中古車情報サービスを扱う「カーポイント（現・カービュー）」を立ち上げ
・アメリカのナスダック市場と提携して証券取引所の「ナスダック・ジャパン」を開設
・日本債券信用銀行（現・あおぞら銀行）を買収
・ADSL事業「Yahoo! BB」を立ち上げ

こういった案件で、私はいずれもプロジェクトマネジャーを務めることになったのです。

なかでもADSL事業は、私が社長室を離れて事業そのものに専念したプロジェクトとして、思い出深いものです。最初は私と孫社長を含めてメンバーはわずか四人で、小さな雑居ビルの一室からのスタートでした。

プロジェクトマネジャーと言えばなんとなくカッコよく聞こえますが、実際は〝何でも屋兼トラブル処理係〟のようなものです。不安やプレッシャーで夜も眠れない時期もありましたし、今思い出しても壮絶な日々だったと思います。

それでも、ソフトバンクという会社が大きく飛躍していった時期に孫社長のそばで仕事ができたことは、私にとってかけがえのない財産になりました。

私が在籍したのは約八年間でしたが、数あるＩＴベンチャーの一つに過ぎなかったソフトバンクが、ＡＤＳＬ事業への参入をきっかけに通信事業会社として頭角を現し、誰もが名前を知る大企業へと変貌していくダイナミックな瞬間に立ち会うことができたのは、とても幸運だったと思います。

その後、ソフトバンクは日本テレコムやボーダフォン日本法人を次々と買収。ＡＤＳＬ事業参入から十数年足らずで、日本を代表する通信事業会社へと上り詰めたことは、皆さんもご存知の通りです。

「なりたい自分」と「今の自分」のギャップを最短最速で埋める方法

ソフトバンク在籍中に、孫社長から学んだことは本当にたくさんあります。

しかしその中でも、まさに「私の人生を変えた」と言えるものが一つあります。

それは、**「なりたい自分」と「現在の自分」との間にあるギャップを最短最速で埋めるためのノウハウ**です。

私がずっと間近で見て来た孫社長は、これを持っているから、ゼロからスタートしたソフトバンクという企業を、わずか三十数年で年商八兆円を超える規模にまで成長させることができたのです。

これは他の会社の二倍や三倍どころの速さではありません。

まさに「10倍速」のスピードです。

この本では、それを余すところなくご紹介したいと思います。


世の中には、いわゆる〝成功の法則〟を紹介する本があふれていますが、「これまで何冊も読んできたけど、全然うまくいかなかった」という人にこそ、この本に書かれたことを試してみてほしいと思います。

なぜなら**孫社長のノウハウは、どのビジネス書や自己啓発書にも書いていない、オリジナルでユニークなものばかり**だからです。

孫社長と接していると、その発想が普通の人とはまったく違うことがよくわかります。

しかし一見、突拍子もない指示や言動も、実行してみると「なるほど」と納得することがほとんどなのです。

「でもそれって、天才経営者の孫正義だからできることじゃないの？」

そう思った人もいるかもしれませんね。

でも、そんなことはありません。孫社長のノウハウは、突き詰めればごくシンプルな原則にもとづいています。ですから、孫社長と同じ頭脳や経験を持たなくても、誰でも真似できるのです。

実際に、ソフトバンク入社時は二十五歳で、まだまだ社会経験の乏しい未熟者だった私でも、孫社長に学びながらそれを実践することができましたし、自らの目標に向かって自分を大きく成長させることができました。

私はソフトバンク退社後、自分の会社を立ち上げ、現在は主にロボットやタブレットなどのITを活用した教育ビジネスや、孫社長をロールモデルとした英語教育事業を手がけています。

またそのかたわら、七つの企業で社外取締役や監査役を務めており、本書で紹介するノウハウを活用することで、そのいずれもが株式公開か公開一歩手前まで成長しました。

一方で、ソフトバンクで数々のビッグプロジェクトを進めてきた実績と経験を買われ、国家的プロジェクトにもアドバイザーとして携わってきました。

これらはすべて、私が以前から「こんなことをやりたい」という目標として思い描いていたものばかりです（やっていることが多岐に渡るため、「いったい何をしている人なの？」と聞かれることも多いのですが、自分でもひと言で表すのはなかなか難しいのです。詳しくは「おわりに」にまとめましたので、ご興味をお持ちの方はそちらをお読みください）。

いずれにしても、私は孫社長から学んだことを生かして、自分の目標を最速で実現してきました。

「私の年代で、これだけの数の公開企業で社外取締役・監査役を務め、複数の国家的プロジェクトに携わった人間は、他にほとんどいないのではないか」――。そんなふうにちょっとだけ胸を張れる自分になれたのです。

それができたのも、「なりたい自分」と現状とのギャップを最短最速で埋める方法を知っていたからだと思っています。

ビジネスだけでなく、さまざまな目標のスピード実現に役立つ

　この本でこれからご紹介していく『『10倍速』目標達成術」は、ビジネスはもちろん、人生のあらゆる局面で役立つものです。

　読者の皆さんにも、いろいろな目標があるでしょう。

「年収一〇〇〇万円プレイヤーになりたい」

「三十五歳までに起業したい」

「自分のカフェや雑貨屋さんを開きたい」

「趣味を生かして、カルチャーセンターの講師になりたい」

「英語をマスターしたい」

「自分の本を出版したい」

「海外で暮らしたい」

「定年後の第二の人生でビジネスをやってみたい」

「理想の結婚相手に出会いたい」……

この本に書かれたノウハウは、あらゆる「なりたい自分」に10倍速で到達するために必ず役立つと信じています。

人生は自分が思うよりも、ずっと短いものです。
だからこそ、一人でも多くの人が本書に書かれていることを実践し、一日も早く「なりたい自分」に出会ってほしい。心からそう願ってやみません。

三木雄信

本書で紹介する
目標を「10倍速」で達成するノウハウ

etc…

孫正義社長に学んだ「10倍速」目標達成術　目次

第2章

10倍速で目標を達成するための「数値化&週間化術」

意志が強くなくても「実行力&継続力」が高まる秘訣

第3章

10倍速で目標を達成するための「人の力を借りる技術」

「世の中の資源」をどうやって動員するか？

第4章

10倍速で目標を達成するための「プロジェクトマネジメント術」

チームをまとめて最速でゴールに到達する

第5章

10倍速で目標を達成するための「問題解決術」

壁にぶつかった時どうするか？

編集協力 塚田有香

CHAPTER.1

第1章

10倍速で目標を達成するための「3大基本戦略」

「目的地への最短ルート」の見つけ方

十六年前、ＡＤＳＬ事業「Ｙａｈｏｏ！ ＢＢ」を立ち上げた時、メンバーは私とエンジニア二人（うち一人は当時のソフトバンクＣＴＯ）の三人だけで、与えられた場所も都内の小さな雑居ビルの一室でした。そこに経営トップの孫社長が加わり、たった四名の小所帯でプロジェクトはスタートしたのです。

それからわずか三年後、ソフトバンクは固定電話事業者の日本テレコムを買収。さらにその二年後には、携帯電話事業を扱うボーダフォン日本法人を一兆七五〇〇億円で買収し、ソフトバンクは通信事業会社として一気に拡大を遂げます。

そして現在は、グループ全体で年商八兆円を超える大企業へと成長しました。ＡＤＳＬ事業参入から十数年で、日本を代表する通信事業会社へと上り詰めたのです。

なぜ孫社長は、ソフトバンクをこれほどのスピード成長に導くことができたのか。

その軌跡を間近で見てきた私は、「三つの戦略」があったからだと考えています。

①わらしべ戦略
②ナンバーワン戦略
③くじ箱戦略

これらを知っているかどうかで、皆さんの目標の実現スピードが大きく変わります。

それぞれの戦略を詳しく解説していきましょう。

ボーダフォン日本法人買収は、「わらしべ戦略」の典型的成功例

皆さんも、わらしべ長者の話はご存知でしょう。

念のために説明すると、一人の貧しい男が持っていたわらをみかんと交換するところから始まり、それが上等な反物や馬に換わり、最後はお屋敷を手に入れて裕福に暮らしたという話です。

これは決しておとぎ話の世界だから成立するストーリーではありません。

少し前に赤いクリップからスタートし、一四回の物々交換を経てマイホームを手に入れたカナダ人男性の話がインターネット上で話題になりました。

そして孫社長がやってきたことは、まさに「わらしべ長者」のパターンと同じなのです。一見するとあまり価値がないようなものから始めて、何かと交換するたびにどんどんその価値を大きくし、最終的には本当に欲しいものを手に入れる。これは「**ゴール＝目的**

地」まで遠回りをしているように見えて、実はゴールに最短で到達する方法だと断言できます。

「わらしべ戦略」は、10倍速で目標を達成するための大きなカギになるのです。

ソフトバンクがADSL事業からスタートし、ボーダフォン日本法人を買収するまでの流れは、その典型的な成功例と言えます。

今思えば、二〇〇一年にADSL事業に参入した時から、孫社長の頭の中には「NTTドコモを超える携帯電話会社になる」という目標があったのでしょう。それはつまり、「通信事業でナンバーワンになる」という意味です。

孫社長はそんなことは一切口にしませんでしたが、私には確信があります。ちょうどその頃、IT・通信企業の時価総額ランキングを一緒に調べたことを覚えているからです。

もちろんトップはNTTドコモでした。

誰もやりたがらないADSL事業に参入したわけ

とはいえ、規制も多く、新規参入の壁が高い通信事業の世界でいきなりナンバーワンになることなど不可能です。

そこで孫社長が、最初の〝わら〟として目をつけたのがＡＤＳＬ事業でした。

なぜかというと、はっきり言えば儲からない上に、手間のかかる事業だからです。

ＡＤＳＬ事業に参入するには、ＮＴＴの光ファイバー回線と局舎にある各種設備を借りなくてはいけません。しかし、ＮＴＴのすべての局舎に設備が揃っていたわけではないので、足りない電源設備や空調設備は場所を借りる側が自己負担しなくてはいけませんでした。当然、それには大きなコストがかかります。

たとえ無事にサービスの提供までこぎつけたとしても、ユーザー宅にＡＤＳＬを開通するには、一件ごとにＮＴＴの承認を取り、工事を依頼しなくてはいけません。また、ＩＳＤＮを使っているとＡＤＳＬを利用できないため、いったん電話回線に戻してもらってから、改めてＡＤＳＬに申し込んでもらうといった二度手間、三度手間がかかります。

しかもＡＤＳＬは、ＮＴＴの交換局から距離が離れると通信速度が遅くなります。雷など気象条件の影響も受けやすく、安定したサービスを提供しにくいというデメリットもありました。

今でこそＡＤＳＬはごく当たり前の通信環境として普及していますし、ユーザーからは「ＩＳＤＮより速くて便利」と歓迎されましたが、サービスを提供する側としてはこれだけの面倒ごとを片付けなくてはいけなかったのです。

それだけのお金や労力を注ぎ込んでまで、新規参入する価値があるのだろうか……。他の通信事業者がそう考えるのも無理はありませんし、「できればやりたくない」というのが本音だったはずです。

ここでもう一度、思い出してください。「わらしべ戦略」のセオリーは何でしたか？

そう、「**一見するとあまり価値がないようなものから始める**」ですね。

だから孫社長は、あえてＡＤＳＬ事業に参入したのです。

その結果、五〇〇万人の加入者を一気に得ました。競合会社が少なく、その競合もユーザーは二万人から三万人程度という分野ですから、五〇〇万人というのは圧倒的な数です。

孫社長はこのわらを、より大きな価値があるものに換えようと狙いました。ターゲットは、固定電話事業者の日本テレコムです。

ＡＤＳＬ事業をやる前のソフトバンクだったら、いくら孫社長が「買いたい」と言っても、相手は応じなかったでしょうし、金融機関も応援しなかったでしょう。

しかし、その時点では五〇〇万人の既存ユーザーを持つ立場です。しかもＡＤＳＬユーザーは、ＩＰ電話を使うことができます。

よって孫社長は、こんな交渉が可能になったのです。

「私たちと一緒になれば、ソフトバンクのＩＰ電話ユーザーと日本テレコムの固定電話ユーザーが相互に無料通話できるサービスなど、新たな付加価値を提供できる。二社が一つになることで大きなシナジーを生むことができる」

こうして、孫社長のわらに価値を見出した日本テレコムは、買収に合意しました。日本テレコムにも五〇〇万人の既存ユーザーがいたので、ソフトバンクは計一〇〇〇万人のユーザーを手にすることになり、顧客数は一気に倍増しました。

しかも買収によって、通信業界の優秀な人材や、さまざまな経営ノウハウを獲得できました。さらには、固定電話会社が持つ信頼や安心といったブランドまで手に入りました。

わらがみかんに、いや反物か馬に換わったくらいのインパクトです。

孫社長には「先の先」が見えていた

しかし、ここで終わりではありません。

孫社長の目指す「ゴール＝目的地」は、もちろん携帯電話事業への参入です。ボーダフォン日本法人と日本テレコムは、もとを辿ればジェイフォンという同じ会社でした。きっと孫社長は、日本テレコムを買収した時からボーダフォン日本法人買収も視野に入れていたのでしょう。そして今やソフトバンクは、日本テレコムから受け継いだ技術力や人材、顧客などを、すべて自分のものにしています。

こうしてソフトバンクは、ボーダフォン日本法人の買収に成功しました。買収額は一兆七五〇〇億円で、日本企業によるM＆Aとしては史上最大規模でした。通信事業会社として何の実績や信頼もなかった頃のソフトバンクなら、とても調達できなかった額です。

でも孫社長は、一見すると遠回りに思えるステップを踏んだことで、ADSL事業者や固定電話事業者として成果を出し、その信用を担保に金融機関から巨額の資金調達を成し遂げました。そして先方との交渉を成功させ、目標を見事に達成したのです。

ちなみに、ＡＤＳＬ事業を始めた二〇〇一年当時のソフトバンクの年商は四〇〇〇億円。それが、ボーダフォン買収を果たした二〇〇六年には二兆五〇〇〇億円を突破。そして現在は、年商八兆円を大きく超えるまでになりました。

孫社長はまさに普通の企業の何倍ものスピードで、目標を達成してみせたのです。

実は孫社長がＡＤＳＬ事業を始めると言った時、私は大反対でした。

「事業単体では利益が出ないので、やめておいたほうがいいと思います」と強く主張したのですが、なぜか「それなら君がやれ」ということになってしまったのです。

それで引き受けざるを得なくなったというのが本当のところなのですが、のちに自分の考えが完全に間違っていたことを思い知りました。

孫社長には、「先の先」が見えていたのです。

種明かしをしなかったのは、最終的な目標や狙いが外にもれて、横やりが入るのを避けるためだったのでしょう。

しかしその目には、始めから最短最速でゴールへ到達する道筋がはっきりと見えていたに違いありません。

わらしべ戦略を活用し、「自分の趣味を仕事に」という夢をスピード実現

「確かにすごい話だと思う。でもスケールが大きすぎて、私たちとは次元の違う話に思えるんだけど……」

そう思われた方もいるかもしれません。

でも、それは違います。この「**わらしべ戦略**」**は、どんな目標にも活用できます。スケールの大小や、その人が今持っている経験やスキルは一切関係なく、誰でも実践することができる**のです。

実際に私の知人がこの戦略によって、自分の夢を10倍速でかなえました。

その事例をご紹介しましょう。

その女性は専業主婦でしたが、「好きな料理を仕事にしたい」と考えていました。

「雑誌やテレビに出てくるカリスマ主婦の人っていますよね。ああいう人たちみたいに、

教室を開いて自分が考えた料理をみんなに教えることができたら」

そんなふうに女性は夢を語ってくれました。

しかしその時点では、彼女は何の実績もない一人の主婦に過ぎません。

しかも料理の先生というのは数も多い。つまりライバルがたくさんいて、競争が激しい分野というわけです。

そこで私は、「わらしべ戦略」にもとづいて、次のようなアドバイスをしました。

「〝先生〟という肩書きを手に入れるために、まずはカルチャーセンターの講師を目指す。講師というのは世間的にも一定の信頼を持つ肩書きなので、そこで実績を積めばいい。ただし、料理の講師はすでにたくさんいる。すでに実績のある講師をはずして、新しい講師を採用する確率は非常に低いはずだ。

だからカルチャーセンターのパンフレットを片っ端から集めてきて、競争相手が少ないマイナーな分野にはどんな講座があるか調べてみたらどうだろうか」

すると女性は、私の言った通りに行動し、「オリーブオイルを使った手作りせっけん」に目をつけました。海外で手作りせっけんの作り方を見たことがあったその女性は、家で自分のためにせっけんを作るのが趣味だったからです。

ただし、カルチャースクールに売り込むには、ただ「せっけんを作れます」というだけでは自己アピールとして弱すぎます。

そこで女性は自宅に友人たちを集めて、せっけんの作り方を教えることにしました。そして、「自宅で手作りせっけんの教室を開いている」という実績を作った頃、生徒として教室に参加してくれた友人からカルチャーセンターのスタッフを紹介してもらうという幸運に恵まれ、あるカルチャースクールでレッスンをすることができるようになりました。

一つのカルチャースクールで講師を務めることで、一定の信頼を得ることができ、その後全国十ヶ所以上の場所で講師を務めることができるようにまでなりました。

普通の主婦がわずか三年で〝カリスマ主婦〟に

こうして先生としての実績を積むと「雑誌やテレビに出る」ことも増えていきました。

ここまで来たところで、女性は満を持して、本当の夢だった料理教室を開きました。

するとせっけん教室の受講生や、テレビや雑誌で女性を知った人たちが多数習いに来てくれて、料理教室は大盛況に。こうして彼女は、自分の夢をかなえました。

しかも私がアドバイスしてから、かかった時間はわずか三年ほどです。

もし女性が最初から「料理教室を開きたい」というゴールを直接狙ったとしたら、いまだにスタート地点の付近をうろうろしていたでしょう。

これぞまさしく「わらしべ戦略」の成功例です。

繰り返しますが、この女性も最初は何の実績もない、平凡な主婦に過ぎませんでした。それでも最短最速で「カリスマ主婦が教える料理教室」というゴールに到達できたのです。「わらしべ戦略」は孫社長や一部の人だけのものではなく、これを読んでいる皆さんの目標をスピード実現させるためにも活用できることを、よくわかってもらえたのではないでしょうか。

「ここを押さえたら大きく飛躍できる」という飛び石を見つける

「わらしべ戦略」を成功させるためには、「ゴール＝大きな目標」を直接目指すのではなく、「中間ゴール＝小さな目標」をいくつも置いて、それを一つずつ確実に達成していくことが必要になります。

回り道のように思えても、それが結果的には近道になる。まさに〝急がば回れ〟です。

ここで重要になってくるのが、中間ゴールをどこに設定するかです。

「今の自分の力でなんとか達成できて、なおかつここを押さえれば大きく飛躍して目的地に近づける」

そんな〝飛び石〟になるポイントをいかに見つけるか。「この石を叩けば、世の中に一気に知れ渡ることができる」という点を探し出すことが、「わらしべ戦略」の成功につながります。

先ほどの例であれば、「カルチャーセンターで手作りせっけんの講師」になることが飛び石になりました。女性にとって実現できる小さな目標であり、なおかつ次につながるポイントを押さえているからです。


いま世界から注目を集める気鋭のデザイナー、佐藤オオキ氏も「飛び石」をうまく使って急成長していった人物です。

彼は建築からグラフィック、プロダクトまでを幅広く手がけ、いまやニューヨーク近代美術館やフランスのポンピドゥー・センターなど、名だたる美術館に作品が収蔵されている大物ですが、実は学生時代に「Ｙａｈｏｏ！ＢＢ」プロジェクトでアルバイトをしていました。

仕事内容は重い物を運んだりするような雑用ばかりでしたが、その間は私と同じように孫社長の仕事を間近で見ていたので、そこから自然と多くのことを学んだのでしょう。

佐藤氏のその後のキャリアを見ると、彼が「わらしべ戦略」を実践していることがよくわかります。

彼が飛び石にしたのは、ミラノサローネへの出展でした。これは世界最大級の家具見本市で、世界中から建築やインテリア業界の関係者が集まります。

つまり、ここで来場者の目にとまれば、世界に向けて名乗りを上げられるのです。

おそらく彼は学生時代から、ミラノサローネ出展が飛び石になると見定めていたのでしょう。だからアルバイトでコツコツと資金を貯め、大学院を卒業してすぐに自分のオフィスを構え、「中間ゴール＝小さな目標」の達成のために当時持っていた資金と能力をすべて注ぎ込んだのです。

大学院修了の翌年にミラノサローネに初出展して、いきなり特別賞を受賞。そして三年後にはミラノオフィスを開設し、再び出展したミラノサローネで、その作品が世界的な有名プロデューサーのジュリオ・カッペリーニ氏の目にとまって、彼の会社から家具の発注依頼を受けます。

それがきっかけとなり、佐藤氏は大きく飛躍しました。本場ミラノで認められたおかげで、逆輸入の形で日本でも名が知られるようになり、国内でも活躍の場が広がりました。

そしてデザイン界最高の栄誉とされるＥＤＩＤＡデザイナー・オブ・ザ・イヤーを史上最年少で受賞したのです。

しかしその数年前には、小さな雑居ビルでアルバイトをするごく普通の学生でした。デザインの世界に有力なコネや人脈を持っていたわけでもない、どこにでもいる人間の一人だったのです。

そんな佐藤氏が「世界的なデザイナーになる」という「ゴール＝大きな目標」に最速で到達できたのも、すべては「ここを叩けば、世の中に一気に知れ渡ることができる」という飛び石をはっきりと見極めていたからでしょう。

ここぞという時に「名乗り」を上げよ

佐藤氏の例からわかるように、「わらしべ戦略」を成功させるには、どこかで名乗りを上げることも重要です。

料理教室の夢をかなえた女性も、雑誌やテレビに出ることで名乗りを上げ、自分の存在を世に広く知らせることができました。

孫社長が世界に向けて名乗りを上げたのは、一九九五年のこと。世界最大のコンピュータ見本市のコムデックスを八億ドル（当時の為替レートで八〇〇億円）で買収した時です。その頃のソフトバンクは、年商二〇〇〇億円にも満たない規模でした。国内でさえ、まだ社名を知らない人も多いベンチャー企業に過ぎなかった頃です。ですから当時のソフトバンクにとって、コムデックス買収はどう考えても身の丈を超えた買収でした。

しかし孫社長は、どうしてもこれをやるべきだと考えました。なぜならコムデックス買収が、世界に名乗りを上げるための飛び石になると確信していたからです。

コムデックスは毎年ラスベガスで開催され、世界中からIT関係者が集まる見本市でした。マイクロソフトのような超大企業から、中小ベンチャー、さらには個人で活動する人たちまで、あらゆる層が一堂に会する場だったのです。

それを買収したのですから、「ソフトバンクの孫正義、ここにあり」と世界に向けて存在を宣言したようなものです。

実際に買収後は、「コムデックスオーナーの孫です」と言えば、誰にでも会ってもらえました。マイクロソフト社のビル・ゲイツを始め、IT業界を代表する経営者や有力者たちとの人脈を一気に強化することもできました。

それが翌年、アメリカのＹａｈｏｏ！と合弁でＹａｈｏｏ！ＪＡＰＡＮを設立することにつながったのです。これが今日のソフトバンクを作り上げた大きな飛躍の一歩であることは間違いありません。

ある時、孫社長からこう聞かれたことがあります。

「君は水の上を歩く方法を知ってるか？　俺は知っている」

冗談を言っているのかと思いましたが、孫社長はあくまで真顔です。仕方ないので「どうするんですか？」と聞くと、こんな答えが返ってきました。

「右足が沈む前に、左足を出すんだよ！」

その時は何を言い出すのかと思いましたが、ソフトバンクが辿った軌跡を見れば、孫社長がそれを本当にやってのけたことがわかります。

コムデックスを買収し、Ｙａｈｏｏ！ＪＡＰＡＮを設立し、ＡＤＳＬ事業を立ち上げ、日本テレコムを買収し、ボーダフォンを買収し……。

こうしていくつもの石に飛び移りながら、片方の足が沈む前にもう片方の足をサッと出して、水の上を渡りきってしまったのです。

飛び石を使えば、ゴールの間にあるのが池だろうと海だろうと、目的地に辿り着くことができる。「不可能も可能にできる」ということを、孫社長は身をもって証明してくれたわけです。

効果が実証されているのですから、私たちも活用しなくてはもったいないでしょう。

目標を実現したい人は、ぜひ「わらしべ戦略」をベースにゴールまでの計画を立ててください。

どんなにニッチでもいいので、「ナンバーワン」をとる

「わらしべ戦略」に並ぶ二つ目の戦略が、「ナンバーワン戦略」です。

孫社長のＡＤＳＬ事業参入も、先ほど紹介した女性がせっけん作りの講師になったのも、正確には「わらしべ戦略」と「ナンバーワン戦略」の合わせ技と言えます。

孫社長のナンバーワンへのこだわりは有名です。しかも他を凌駕《りょうが》する〝圧倒的ナンバーワン〟になることを絶対的に重視しています。

もちろん、それには理由があります。

ナンバーワンになれば、人、モノ、お金、情報など、あらゆるものが集まってくるからです。

何かについて知りたいと思ったら、皆さんもきっとその分野で一番の人に話を聞きたい

と思うでしょう。あえて二番の人に聞きに行く理由はないはずです。

企業がナンバーワンになれば、優秀な人材を採用できるし、その知恵を生かして資金調達もできます。資材をより安価に仕入れることもできるし、販路を拡大してより多くのモノを売ることもできます。

ナンバーワンとナンバーツーでは、取りうる戦略の幅に天と地ほどの差があります。

だから成功するには、ナンバーワンにならなくてはいけないのです。

……と言うと、こんな声が聞こえてきそうですね。

「理屈はわかるけど、そう簡単にナンバーワンになれるなら苦労しないよ！」

おっしゃる通りです。普通ならやすやすとナンバーワンの称号は手に入りません。

でも、それを可能にする戦略があるのです。

それは「**人がやらないこと、あるいはやっている人が非常に少ない分野を見つける**」ということです。

人がやらないことなら、最初に始めた人が即座にナンバーワンになれます。もしいたとしても、ごく少数ならナンバーワンになる確率もスピードも高まります。

孫社長がＡＤＳＬ事業に参入を決めた時が、まさにその状態でした。当時は競合する事業者が少なく、しかもユーザーはどこも数万人程度でした。

ここを戦いのフィールドだと見定めた孫社長は、ユーザーが自宅で使うモデムをなんと一〇〇万台発注しました。

競合他社に比べて数十倍もの台数を一度に発注するのですから、一台あたりの価格を格段に安く仕入れることが可能です。そして、当時の月額使用料が七〇〇〇円前後だった市場で、「月々二八三〇円」という破格の料金を打ち出しました。

世間に与えたインパクトは相当なもので、一〇〇万台の予約はあっという間に埋まりました。

ソフトバンクは一瞬にして〝圧倒的ナンバーワン〟になったのです。

その実績がその後の躍進につながったのは、前述した通りです。

どんなにニッチな市場でもいいから、ナンバーワンをとる。これが10倍速で目標を達成するための二つ目のカギです。

セグメントをとにかく小さく切って、競争相手の少ないものをやる

料理教室の夢をかなえた女性のように、「趣味を生かした仕事がしたい」と考えるのは、とくに女性に多いようです。

ただ、普通は「何か資格を取ろう」「スキルを磨くためにスクールへ通おう」という発想になりがちです。ワインが好きならソムリエの資格を取り、アロマテラピーが好きならアロマセラピストの資格を取るというわけです。

でも、そうして時間とお金を費やした結果、それを仕事にできた人がどれだけいるでしょうか。おそらく趣味は趣味のままで終わってしまう人が大半だと思います。

どうして彼女たちは目標を実現することができないのでしょうか。

答えはカンタン。競争相手が多すぎるからです。

ネットで「アロマテラピー教室」と検索すれば、何十ページめくっても読み切れないほ

どの情報がヒットします。すでにこの分野には、それだけ多くのライバルが存在するということです。

しかも先に参入した先駆者たちは、すでに高い実績や人気を得ているので、よほどの才能や運の持ち主でなければ、競争に勝つ見込みはありません。

これでは残念ながら、戦う前から負けているようなものです。

でも、勝つ方法はあります。戦うフィールドを変えればいいのです。もっと正確に言えば、**フィールドをできるだけ小さく区切って、自分だけが入れるサイズの土俵を作ってしまえばいい**ということ。自分しかいない範囲の中なら、戦わずしてナンバーワンになれます。

例えばあなたの目標が、「お菓子作りの先生になりたい」だったとしましょう。

自分が本当に好きなのは、フランス菓子です。でも今は、本場フランスで修行した経歴を持つパティシエや専門家が日本にもたくさんいます。趣味のお菓子作りが得意な程度ではとても歯が立たないし、たとえこれから数年フランスで修行をしたとしても、すぐに生徒がたくさん集まるような人気講師になれる確率は低いと言わざるを得ません。

だったら、「お菓子」のフィールドを小さく区切ってみましょう。

同じヨーロッパのお菓子でも、スペイン菓子やドイツ菓子もあります。東ヨーロッパや中央ヨーロッパに目を向ければ、トルコ菓子やルーマニア菓子などのセグメントも作ることができます。

ヨーロッパ以外に、アジアやアフリカ、南北アメリカのお菓子だって存在します。フィリピン菓子やモロッコ菓子、チリ菓子など、いくらでもセグメントを作れるはずです。

日本でただ一人の〝先生〟になる方法

フィールドを小さく区切ったら、競争相手のいない土俵を選んでください。いま現在の専門スキルや知識にはこだわらなくて構いません。

もともとお菓子作りが好きなのですから、土台となる基本的な技術はすでに持っているはずです。あとは短期間で集中して準備をするだけです。

「チリ菓子」を選んだなら、資料を取り寄せたり、インターネットで情報を収集してレシピを勉強します。今はSNSを使えば人とつながるのも簡単ですから、日本に住むチリ人を探して、故郷のお菓子作りを教えてもらってもいいでしょう。

もし一ヶ月間の短期でも、現地に渡ってホームステイをしながら家庭のレシピを学べば、「本場で学んだ」という実績を作ることも可能です。

準備が整ったら、カルチャースクールに「チリ菓子教室の講師」として応募しましょう。

競争相手がいないということは、そんな教室も存在しないということですが、最近はカルチャースクールも生徒を呼び込むためにオリジナリティのある企画を求めています。他にはないユニークな教室の提案とともに自分を売り込めば、採用される可能性は十分にあります。

晴れて採用されたら、日本で唯一（かもしれない）「チリ菓子講師」の誕生です。もし本当に日本でただ一人なら、あなたはその瞬間に「ナンバーワン」になります。

ナンバーワンの講師のもとには、生徒が集まります。

フィールドが小さいので、集まるといっても最初は少人数ですが、それでもいいのです。一度人が集まるようになれば、口コミで人が人を呼ぶようになりますし、競合がいないのでビジネスとしては独占状態が続くはずです。

ナンバーワンになれば、名乗りも上げやすくなります。

「日本で唯一のチリ菓子講師」としてブログやツイッターで情報発信すれば、雑誌やテレビの制作者の目にとまるかもしれません。メディアに顔を出す機会が増えれば、あなたはその分野で第一人者。立派な〝先生〟です。

こうしてあなたは、「お菓子作りの先生になりたい」という目標を実現することができました。もしフランス菓子の先生になることをあきらめられなかったとしても、チリ菓子の講師として実績を積んだ後なら、実現の可能性はぐっと高まります。

その頃には、あなたのファンも増えているはずなので、「フランス菓子の教室も始めました」となれば、そちらも受講してくれる人が必ず出てくるからです。三〇ページで紹介した女性が、まずはせっけん作りの講師として固定ファンを獲得してからお料理教室を開いて成功したのも、まさにこれと同じパターンです。

ナンバーワンになるには、自分で勝手に線を引いて、その領域の中で勝手に一番を名乗ればよいのです。皆さんもどうぞ遠慮せず、勝手にナンバーワンになってください。繰り返しますが、土俵の大きさやジャンルの知名度は関係ありません。大事なのはナンバーワンという肩書きを作ること。これが最短最速で目標を実現する極意です。

孫社長は未来を読めているわけではないし、特別に運がいいわけでもない

ここからは、三つの重要な戦略のうち、最後の一つである「くじ箱戦略」についてお話しします。

現代は不確実性の高い時代だと言われます。この先、何がどうなるかなんて、誰にも見通せないということです。

ではそんな時代に、10倍速で目標を達成していくにはどうすればよいのでしょうか。

孫社長の経営は「タイムマシーン経営」と言われることがよくあります。まるで未来を見てきたかのように、のちに大きく成長する事業や企業を見抜いて、早い段階で先物買いをしているからです。

例えば、アメリカのＹａｈｏｏ！に二〇〇万ドル（当時の為替レートで二億円）の出資

をしたのは一九九五年のこと。その翌年、合弁でＹａｈｏｏ！ＪＡＰＡＮを設立しました。

アメリカのＹａｈｏｏ！が会社として事業を開始したのは、一九九五年三月です。

ソフトバンクが出資を決めたのは、同じ年の十一月。つまり設立から間もない段階で、孫社長はこの会社に価値を見出し、思い切った投資をしたことになります。

そして結果は、ご存知の通り。Ｙａｈｏｏ！は世界最大級の検索エンジンに成長し、Ｙａｈｏｏ！ＪＡＰＡＮもポータルサイトとして日本で圧倒的なポジションを占めています。

現在ソフトバンクはＹａｈｏｏ！ＪＡＰＡＮの筆頭株主として、一兆二〇〇〇億円の含み益を出しているので、アメリカのＹａｈｏｏ！への二億円の投資は、大きなリターンとなって返ってきたことになります。

最近では、中国のインターネット通販企業アリババへの出資が知られています。

ソフトバンクは、アリババが創業した翌年の二〇〇〇年に二〇億円を出資。その後、同社は急成長を遂げます。

そして二〇一四年にアリババがニューヨーク証券取引所に上場したことで、株主のソフトバンクは八兆円の含み益を得ました。

投資から十四年間で、四〇〇〇倍のリターンを得たわけです。

これらの事例を見れば、タイムマシーン経営と言われる理由も納得がいくはずです。

孫社長は「未来は完全には読むことができない」という前提で物事を考えている

では果たして、孫社長は本当に「未来を読む達人」なのでしょうか。

そんなことはありません。

もちろん、私を含む一般の人たちよりは、はるかに先を見通す力を持っていることは確かです。しかし、**長年そばで見ていてわかったのは、孫社長の予測もはずれることがあるという事実です**。考えてみれば、孫社長も人間なのだから、百発百中で未来を言い当てることなど不可能なのは当たり前です。

そして孫社長自身も、「未来は完全には読むことができない」という前提で物事を考えています。

とくにＩＴの世界の不確実性は、他の業界に比べて非常に高いものです。

これが自動車業界であれば、未来はある程度の見通しが立ちます。もちろん、水素自動車と電気自動車のどちらが主流になるのか、自動運転機能はいつ頃実用化できるのか、といった議論はあるでしょうが、こうした話題が世間でも広く語られている時点で、自動車業界の未来は一定の見通しが立っていることになります。

ところがＩＴの世界は、今この瞬間に何が飛び出すかわかりません。

昨日まで存在しなかったサービスが地球上のどこかで突然誕生し、あっという間に全世界へと広がっていくことも珍しくないのです。そんな環境では、「先を予想して、確実に当たりそうなものを選ぶ」というのは、ほとんど不可能です。

だとしたら、孫社長は単に運がいいだけなのでしょうか。

それもまた違います。

なぜ孫社長は、まるで未来を見てきたかのように、次々と成功を引き寄せているのか。

その秘密こそが「くじ箱戦略」です。ソフトバンクがここまで成長を遂げた最大の理由は、ここにあると言っていいでしょう。

この戦略は、ビジネスや経営だけでなく、あらゆる目標に応用できます。「お店を開きたい」「理想の結婚相手を見つけたい」といった目標の実現にも役立つのです。

よく周囲から「あの人は運がいいから」「あいつはいつもツイてるよな」と言われる人がいますが、そんな人は必ず「くじ箱戦略」を使っています。

ですから、これを知らないなんて本当にもったいない！

ぜひ皆さんにも活用してもらえるように、詳しく説明していきましょう。

創業期のYahoo!発掘の裏にあった「くじ箱戦略」

「くじ箱戦略」は、いたってシンプルです。

当たりが出るまで、箱からくじを引き続ける。これだけです。

あなたがお祭りに行ったら、一回一〇〇円で引けるくじ箱がありました。当たればゲーム機がもらえて、はずれれば何ももらえません。

あなたは一〇〇円を払って、くじを引きましたが、はずれでした。手持ちのお金はそれしかなかったので、もうくじを引くことはできません。

ここで終われば、あなたは「ゲーム機を手に入れる」という目標を達成できず、「自分は運が悪かったのだ」と考えるでしょう。

ところが、たまたま気前のよい親戚のおじさんが通りかかり、「当たりが出るまで引いていいよ」と言ってくれたとしましょう。おじさんが一〇〇〇円、二〇〇〇円とお金を出してくれれば、あなたは一〇回、二〇回と、何度でもくじを引くことができます。

そのくじがインチキではない限り、いつか必ず当たりを引くことができるわけです。

「そんなのずるい！」と思うかもしれませんね。でも、周囲から「運がよい」と思われている人は、これと同じことをやっているのです。

「くじが当たるまで引き続ける」

それだけ聞くと何のことはないように思えるかもしれませんが、実はこの原則は「**リアル・オプション」という経営理論**にもとづいています。

ちゃんと理解しようとすると、なかなか難しいのでここでは詳細を割愛しますが、孫社長と私はこの理論についてしばらく研究していた時期があります。この理論の専門家である大学教授にレクチャーを受けに行ったこともありました。

おそらく孫社長は、それ以前から直感的に「くじ箱戦略」の原則に従って行動してきたのでしょう。それが正しいことを学術的に裏づけたかったのだと思います。

そして研究の結果、理論的にも「くじ箱戦略」は間違っていないことがわかりました。

それからは確信を持って、くじをどんどん引き続け、ソフトバンクを大企業へと成長させていったのです。

当たりの確率を高めるための三つのポイント

「くじ箱戦略」を実行する際は、ポイントが三つあります。

①当たりが多そうなくじ箱を選ぶ
②くじを引くコストを下げる
③くじを引き続ける

孫社長が創業期のＹａｈｏｏ！を発掘できたのも、まさにこの三つのポイントを押さえたからです。

実は一九九〇年代のソフトバンクは、アメリカで成功している企業や事業と組んで、ジョイントベンチャーを次々に作っていました。Ｙａｈｏｏ！ＪＡＰＡＮもその一つです。

「アメリカで成功しているビジネスは、日本でも成功する確率が高い。つまり当たりが多そうなくじ箱だから、どんどん引いていこう」

孫社長はそう考えたわけです。

具体的には「アメリカで株式公開しているＩＴ企業で、時価総額が三〇〇〇億円以上」をジョイントベンチャーの対象にしました。当時の孫社長は「条件に合う企業すべてとジョイントベンチャーを作れ！」と指示を出していたほどです。

それでも、当たりの多いくじ箱を選べば、何も考えず手当たり次第に引くよりも、当たりを引く確率は格段に高くなります。

一〇〇枚のうち五〇枚の当たりくじが入っている箱と、当たりくじが一枚しか入っていない箱ではどちらが当たりやすいか、小学生でもわかりますね。

いくら「当たるまでくじを引き続ける」とはいえ、何千回、何万回と引くまで当たらないのでは、膨大な時間と労力を無駄にしてしまいます。ですから一番目の「当たりが多そうなくじ箱を選ぶ」というのは、10倍速で目標を実現するためにははずせないポイントなのです。

新しい会社を設立するのに、ジョイントベンチャーという形を選んだのにも理由があります。それは「安く作れるから」です。つまり、二番目のポイントである「くじを引くコストを下げる」もしっかり押さえたことになります。

ジョイントベンチャーを設立する際は、複数の会社が資本金を出し合います。出資比率は交渉次第なので、二割や三割といった低い割合で済むこともあります。

一つの企業を丸ごと買収したり、業務提携をして高いライセンス料を払ったりするより、よっぽどお金がかかりません。

そして孫社長は、最低限の資本金しか出さない方針を徹底していました。

その代わり、ソフトバンクが持つ人材や日本市場での営業力といった、お金以外の資源を提供することで相手を納得させたのです。

三割ははずれてもいいと考える

くじを一回につき一〇〇円で引ける時、手持ちが一〇〇円なら一回で終わりです。

でもお店の人と交渉して、一回につき一〇円で引いていいという了承をとりつければ、くじを一〇回引けるので、当たりが出る確率も一〇倍になります。それに一回あたりのコストが下がれば、たとえはずれてもダメージは最小限で済みます。

孫社長も大胆なように見えて、実は「失敗しても会社が潰れることはない」という範囲でしかチャレンジしません。

「勝率は七割でいい。あとの三割が失敗しても、すぐに撤退すれば問題ない」

これが孫社長のモットーです。

だからこそ、三割は失敗しても大丈夫なように、一回あたりのくじのコストをできるだけ下げる努力を惜しまないのです。

コストというのは、お金に限りません。時間や体力、精神力など、目標を実現するために費やすあらゆるものを〝コスト〟と捉え、それをいかに小さくするかを考えます。

ただし、いくら当たりの多い箱を選び、くじを引くコストを下げても、一回や二回引いただけで当たりが出るとは限りません。

最初の九回がはずれでも、一〇回目に当たりが出るかもしれない。だから、三番目のポイントである「くじを引き続ける」が大事なのです。

当然、孫社長もたくさんのはずれを引いています。

それでもしつこく、あきらめずにくじを引き続けました。「もうこの辺でいいかな」などと妥協しなかったから、多くの大当たりを引くことができたのです。

「当たりが多いくじ箱かどうか」を ほとんどの人は考えていない

この三つのポイントは、聞いてしまうと「なんだ、そんなことか」と思うかもしれません。しかし実際は、多くの人がこの点についてまったく考えずに物事を決めています。

とくに「当たりの多そうなくじ箱を選ぶ」というのは、成功するための基本ルールとも言っていいものですが、それを意識している人はとても少ないと感じます。

「当たりの多そうなくじ箱を選ぶ」というのは、別の言い方をするなら「上りのエスカレーターに乗る」ということになります。要するに、「**より少ない労力で上へ行けるフィールドを探しなさい**」ということです。

そもそも孫社長がＩＴの分野で起業したのは、「これから発展するのが確実な業界だ」と考えたからでした。

その裏づけとなったのが「ムーアの法則」です。

これは簡単に言えば、「コンピュータの性能は十八ヶ月から二十四ヶ月ごとに倍になる」というものです。インテルの共同創業者であるゴードン・ムーアが一九六五年に唱えた経験則で、現在に至るまでこの法則が破られたことはありません。

当時からムーアの法則を知っていた孫社長は、いつかコンピュータが人間の脳を超える処理能力を持つ日が来ることを想定し、ＩＴ業界は今後も永続的に発展すると考えました。つまりＩＴ業界で起業することは、「**上りのエスカレーター**」に乗るようなものだと確信したのです。

いったん上りのエスカレーターに乗ってしまえば、自分の足でステップを駆け上がるより速く上に行けるし、たとえ途中でいったん止まったとしても、今いる位置より下がることはありません。

ところが下りのエスカレーターに乗ってしまうと、上へ向かってものすごい勢いで駆け上がったとしても、今いる位置にとどまるのがやっとでしょう。息切れして少しでも足を止めれば、あとはずるずると下がっていくだけです。

最速で目標を達成するなら、上りのエスカレーターに乗ることは、誰にとっても大事な条件になります。

くじ箱戦略を「理想の結婚相手探し」に応用する

「当たりが多いくじ箱かどうか」をほとんどの人は考えていない、という話に戻りましょう。今度はもう少し身近なところで説明してみたいと思います。

独身の人なら、「理想の相手と結婚したい」と思っている人も多いはずです。

この目標を実現するために「くじ箱戦略」をどう使えばいいでしょうか。

「理想の結婚相手」は人によって違うと思いますが、ここでは「安定して高収入を得ている男性」と仮定します。

となれば、その条件に当てはまる男性が多く集まる場所に行くことが「当たりの多そうなくじ箱を選ぶ」ことになります。

高収入を得られる職業の代表格といえば、弁護士です。

もちろん所属する法律事務所の規模や本人の能力によって同じ弁護士でも年収に差は出ますが、「普通のサラリーマン」というくじ箱よりも、「弁護士」というくじ箱を選んだほうが、この女性にとっての〝理想の結婚相手〟に出会う確率は高いはずです。

では、弁護士に出会うためには、どこへ行けばいいでしょうか。しかも、できるだけ当たりの多そうな場所といえば……？

私のおすすめは、「司法試験対策の予備校」です。

ここには弁護士になることを目指す人たちが集まっています。そこに通えば、一度に多数の弁護士予備軍に出会えます。

結婚相手を探すのが目標なので、別に勉強なんてしなくて構いません。ただし周囲に好印象を与えるため、真面目に勉強するふりはしておきましょう。

そこで模試の結果を見て、成績の上位二〇人くらいと知り合いになり、連絡先を交換しておきます。その大半が司法試験に合格し、成績優秀者として大手の弁護士事務所に就職し、若くして年収数千万を稼ぐようになるはずです。

二〇人と仲良くなっておけば、そのうち一人くらいは、お付き合いして結婚できる可能性も十分出てくるでしょう。

しかも、弁護士になる前に知り合うというのは、いわば青田買いです。すでに弁護士として活躍している人なら、他の女性たちも結婚相手として狙っているでしょうが、弁護士になる前ならまだライバルは少ないはずです。


「そのために予備校代を払うなんて……」

そう思うかもしれませんが、年収何千万も稼ぐ相手と結婚できれば、あとで何十倍、何百倍にもなって返ってきます。得られるリターンを考えれば、決して損にはなりません。

しかもその料金で、二〇回もくじを引くことができるのです。

同じ料金で引けるくじの数が多いほど、一回ごとの単価は安くなります。

「高い入会金を払って結婚紹介所に入ったものの、実際に紹介してもらえたのは二人だけ」というケースより、何倍もお得です。

つまり、この方法は「②くじを引くコストを下げる」というポイントも押さえているのです。

あとは「③くじを引き続ける」を実践するのみ。

もちろん二〇人の中には、すでに恋人がいる人やまったく脈がない人もいるでしょう。でも一人や二人うまくいかなくても、くじは二〇回も引けるのですから、当たりが出るまで引き続ければいいのです。

「当たりの多いくじ箱」は自分から探しに行く

以上が、「くじ箱戦略」を活用した「理想の結婚相手に出会う方法」です。

「出会いがない」という人の多くは、とりあえず合コンをしたり、結婚紹介所に行ったりします。

そこでも、誰かには出会えるでしょう。でも、その〝誰か〟が本当に結婚したいと思える人だという確証はありません。

そう、大事なのは「誰でもいいから出会いたい」というわけではないこと。目標はあくまでも「理想の相手に出会うこと」であり、その理想にも「収入」「職業」「共通の趣味」など、さまざまな条件があるはずです。

ですから、「条件に当てはまる人＝当たり」が多そうなくじ箱を見つけない限り、理想の相手には一生出会えずに終わる可能性があるのです。

「趣味の山登りを一緒に楽しんでくれる人と出会いたい」と思うなら、登山サークルに参加してみる。

「料理上手で家事も分担してくれる男性と出会いたい」と思うなら、男性の受講者が多い料理教室に通ってみる。

「いつか外国で暮らしたいので、海外で働く可能性の高い人と結婚したい」と思うなら、国際関係のボランティアやイベントに顔を出してみる。

そうやって、当たりの多いくじ箱を自分から見つけに行くことが、10倍速で目標を達成するためには必須と言えます。

魅力的な彼氏（彼女）も「くじ箱理論」で手に入る

なかには「いきなり結婚相手とは言わないから、彼氏（彼女）がほしい」という人もいるでしょう。それでも、やるべきことは基本的に同じです。

「彼氏（彼女）がほしい」というのも、「誰でもいいから恋人になってほしい」という意味ではないはずです。

この目標をより正確に表すなら「魅力的な彼氏（彼女）がほしい」になるはずです。では、魅力的なのはどんな人かというと、一般的には「異性からモテる人」です。となると、魅力的な人には、すでに恋人がいる確率が高くなります。

よって「①当たりが多そうなくじ箱を選ぶ」を実践するには、恋人がいる人にアプローチすればいいということになります。

ただし、略奪しろと言っているわけではありませんよ！

「もしあなたが今の恋人と別れたら、付き合ってもいいですよ」という意思を、それとなく伝えておけばいいのです。要するに、粉をかけておくわけですね。

これは「②くじを引くコストを下げる」のルールにものっとっています。

コストはお金だけではありません。先ほども言った通り、時間や体力、精神力など、目標を達成するために費やすあらゆるものをコストと捉えます。

恋人がいる相手を本気で振り向かせようとしたら、それこそコストが高くつきます。自分をアピールするには、こまめに連絡を取ったり、会う機会を作ったりして時間も費やし、気力も体力も消耗します。

でも、粉をかけるだけならラクだし、時間も手間もかかりません。だから一人と言わず、できるだけ多く粉をかけておきましょう。くじを引く一回あたりのコストを下げて、たくさんのくじを安く引けばいいのです。

あとは「③くじを引き続ける」を実践するのみ。とはいえ、いったん粉をかけたら、あとは待てばいいだけです。

男女の恋愛感情は三年で冷めると言われます。人間が恋に落ちると分泌されるフェニルエチルアミンという脳内ホルモンは、同じ相手と付き合って三年ほど経つと量が少なくなるからです。

ですから一〇人も粉をかけておけば、それほど待たなくても、「彼氏（彼女）と別れた」という人が出てくるでしょう。そうすれば、こちらがわざわざアプローチしなくても、向こうからあなたのことを思い出して、連絡をとってくるはずです。こう書くと身もフタもないように感じるかもしれませんが、戦略的にはこれが正しいやり方です。

「恋人がいる人に粉をかけるのはどうなの？」という道義的な問題はさておき、どんな目標を達成するにも「くじ箱戦略」が使える一つの例としてご紹介しました。

孫社長は必ずしも即断即決とは限らない。むしろ決めない時はギリギリまで決めない

いかがでしょうか。10倍速で目標を達成するのに「くじ箱戦略」がいかに役立つか、わかってもらえたのではないかと思います。

ただ、「くじを引き続ける」というのも、当たり前のようでいて、実際にはできる人がなかなかいません。

くじ箱の中には、完全な「当たり」や「はずれ」だけが入っているとは限りません。なかには「まあまあ当たり」といったくじを引くこともあります。商店街のくじを引いたら、海外旅行は当たらなかったけれど、一〇〇〇円分の買い物券は当たった、といった感じでしょうか。

たいていの人は、「買い物券でもいいか」と満足してしまうでしょう。しかし、もう一

回引いたら、次は海外旅行が当たるかもしれないのです。ここでやめずに、もう一回くじを引けるかどうか。そこで手に入るものは大きく差がつきます。

そう考えると、くじを引き続けるということは、「決断を先延ばしにする」ということでもあります。「ここで終わりにする」と決断してしまえば、くじ引きというゲームは終わりです。「まあまあの当たり」は手に入ったし、あとは何もしなくていいので、ある意味すごくラクになれます。

しかし同時に、「海外旅行が当たる」という選択肢を手放したことにもなります。選択肢を手放せば、それが手に入る確率はゼロになるわけです。

果たしてそれが本当に正解なのでしょうか。

孫社長は〝即断即決の人〟というイメージがあるかもしれません。「天才的なカンで、何でもパッと決めるんでしょ」と思っている人も多いでしょう。

でも実は、決めない時はまったく決めません。それは優柔不断で決められないのではなく、選択肢を減らさないために、あえて決断を先延ばしにしているのです。

「選択肢そのものに大きな価値があり、それを手放した瞬間にすべてが無価値になる」ということを、孫社長はよく理解しているのだと思います。

かといって、いつまでも決断しないわけにはいきません。

でもそれは、「これ以上ないくらいの結果が出た」と心底納得できるくらいの当たりくじを引くギリギリのところまで、決断を引っ張ったほうがいいのです。

「決めてラクになりたい」と思った時は、まだ決めてはいけない

これは口で言うほど簡単なことではありません。

「次は当たりかもしれないけれど、はずれかもしれない」という中途半端な状態でいるのは、すごく気持ち悪いからです。

だったら「まあまあの当たり」でよしとして、「このゲームはもう終わり！」と言ってしまったほうがスッキリするし、肩の荷も下ります。私も孫社長のもとで、いくつもの案件を抱えていた頃は、「どんどん片付けてラクになりたい」と正直思ったものです。

例えば、私がプロジェクトマネジャーとして担当した日本債券信用銀行（現・あおぞら

銀行）買収の際も、出資の比率や方式を孫社長がなかなか決めず、投資銀行に提案書を出す当日まで決断しませんでした。

こちらとしては、「もう時間がないから早く決めてくれ！」というのが本音です。

しかし、さまざまな条件が複雑に絡み合う買収という案件においては、早い段階である選択をすると、残りの選択の可能性を捨てることになるリスクが生じます。

よって、**できるだけ多くの選択肢を最後の最後まで持ち続けて、限界まで決めないことで、ベストな決断をすることができる**のです。

「もう決めてしまえ」と投げやりな気持ちになった時は、まだ決めてはいけない。そこで決めるから、たいていの人は失敗するのだ——。それが孫社長の考えでした。

「早く決断してスッキリしたい」などというのは、孫社長に言わせれば怠け以外の何物でもないのです。

そんな孫社長を見て、ソフトバンク時代の私の先輩が「経営者は気持ち悪さに耐える商売なんだなあ」としみじみ言っていましたが、私もその通りだと思います。

なかなかできないことだからこそ、くじを引き続けることができた者が、10倍速で目標を達成することができる。そのことを私は孫社長のもとで学んだのでした。

「自分のカフェ開業」という目標に、3大基本戦略を応用してみる

では仕上げに、この章で紹介した3大戦略を「自分のカフェを開きたい」という目標に応用してみましょう。

多くの人は「まずはカフェの経営ノウハウを教えるスクールに通ってみよう」「人気のあるカフェでアルバイトをしてみよう」などと考えますが、これは戦略としては間違いです。

他の人と同じことを学んだら、他のカフェと同じようなお店にしかならないので、開業したとしても商売が成り立たない可能性が高いからです。

ここで使うべきは「**ナンバーワン戦略**」です。

日本で誰もやっていないカフェを開くことができれば、一人勝ちできます。

カフェ経営の経験がなくても、コンセプトが独自のものであれば、その土俵でいきなりナンバーワンになれるでしょう。

では、「日本で唯一のカフェ」のアイデアをどうやって生み出せばいいのでしょうか。

そこで「**くじ箱戦略**」を使います。「当たり（＝よいアイデア）が多そうなくじ箱」を見つけて、引いてみればいいのです。

例えば、海外のカフェ事情を調べて、人口に対してカフェが多い街を探してみてはどうでしょうか。経営が成り立っているカフェがそれだけたくさんあるということは、その街こそが「当たりの多そうなくじ箱」だと考えられます。

一つ例を挙げると、オーストラリアのパースは非常にカフェの多い街です。中心部には、それこそ何百軒というカフェがあります。

だったら、パースへ実際に行ってみましょう。そして、一日一〇軒をノルマに街じゅうのカフェを回ってみます。つまり、できるだけ多くのくじを引きまくるわけです。

すると、少なくとも一つや二つは「日本にはないコンセプトやメニューのカフェ」に出会えるでしょう。

それがすなわち、あなたにとっての「当たり」です。あとは、そのコンセプトやメニューを取り入れたカフェを日本で開業すればいいのです。

たとえ目立たない場所にある小さなお店でも、「日本初の○○風カフェ」をうたえば、それだけで大きな宣伝になります。雑誌やテレビで紹介される機会も出てくるでしょう。こうしてカフェが広く知られるようになると、企業や投資家から「自分が出資するから、このカフェを多店舗展開しませんか」といった話が持ち込まれる可能性も出てきます。

実際に私がパースへ行った時、日本で多くの店舗をチェーン展開する某カフェと外観や内装がそっくりなカフェを見つけたことがあります。おそらく某カフェの創業者は、パースでこの店に出会い、それを真似て自分のカフェを開いたのだろうと思います。

カフェ経営の経験やノウハウがない人が、小さなお店から始めて、メディアで名乗りを上げて、店舗数を増やし、経営を拡大していく。

つまりこの方法は、「**わらしべ戦略**」もきちんと踏まえているのです。

このように、「３大基本戦略」を使えば、さまざまな目標を10倍速で実現することができます。

皆さんもこれらの戦略を上手に使って、目的地への最短ルートを見つけてください。

CHAPTER.2

第 2 章

10倍速で目標を達成するための

「数値化&週間化術」

意志が強くなくても
「実行力&継続力」が高まる秘訣

第1章では、10倍速で目標を達成するための基本戦略をご紹介しました。

とはいえ、戦略を知っただけでは目標を達成することはできません。当然ながら、その戦略を実行しなくては、「ゴール＝目的地」には辿り着けないからです。

世の中には「成功法則」について書かれた本があふれています。しかし、実際に成功しているのは、ごく一部の人だけです。

では、本に書かれていることが間違っているのかといえば、必ずしもそうとは限りません。「この本を読んで成功しました」という人は、少ないながらも確かに存在するからです。

つまりこの事実が意味するのは、「本を読んだだけで終わってしまった人」がいかに多いか、ということではないでしょうか。そしてひと握りの「読んだことを実行し、それを続けることができた人」だけが、成功をつかむことができた。つまり、「実行力」と「継続力」の有無が明暗を分けたのです。

ただそうは言っても、「なかなか一歩を踏み出す勇気がなくて……」、「自分は意志が弱いから……」という人は決して少なくないでしょう。

でも大丈夫。ちょっとしたコツを知るだけで、実行力や継続力を高めることができます。この章では、そのコツをご紹介したいと思います。

「なぜ多くの人は大きく成功できないか。その理由を知っているか？」

「なぜ多くの人が大きな成功を収められていないか。その理由を三木は知っているか？」

ある時、またもや孫社長から突拍子のない質問が飛んできました。

私が答えられずにいると、孫社長は手もとの紙に山を描き、そのふもとにグルグルと円を描きました。そして私にこう言ったのです。

「ビジョンがないと、本人がどんなに頑張っても同じ場所をぐるぐる回っているだけで、山を登っていけない」

さらに山頂のところに「ビジョン」と書き、こうも言いました。

「一方、ビジョンがあると、無駄な動きが少なくなり、最後には大きな山に登れるんだよ」

つまり孫社長は、**まず「目指す山＝ゴール」をはっきりさせなければ、どんな戦略を使**

ったところで意味がないと教えてくれたのです。いくら性能の良い車に乗ったところで、目的地が決まっていなければ走り出せないのと同じです。

その点、孫社長は若い頃から目指す山をはっきりと定めていました。

何しろ弱冠十九歳にして、次のような「人生五十年計画」を立てたほどです。

二十代で、自ら選択する業界に名乗りを上げ、会社を起こす。
三十代で、軍資金を貯める。軍資金の単位は、最低一千億円。
四十代で、何かひと勝負をする。一兆円、二兆円と数える規模の勝負をする。
五十代で、事業をある程度完成させる。
六十代で、事業を後継者に引き継ぐ。

そして実際に、ほぼこの通りの人生を歩んでいます。

現在、孫社長は五十八歳ですが、最近になって、元グーグル最高幹部で現在はソフトバンク副社長のニケシュ・アローラ氏を事実上の後継者として指名したことが話題となりました。

これもおそらく「六十代で事業を後継者に引き継ぐ」という人生計画に向けて着々と進んでいる証拠でしょう。

孫社長の生き方が私たちに示してくれるのは、「人間の成長と目標とは、切っても切れない関係にある」ということです。

脳研究の第一人者で、脳型コンピュータの研究者としても知られた松本元先生という方がいらっしゃいます。すでに亡くなられたのですが、『愛は脳を活性化する』（岩波科学ライブラリー）という本を書かれていて、ソフトバンクに入社した頃、孫社長から「三木、この本を読め」と渡されて読んだことがあります。

実は、その本が私の人生に与えた影響は非常に大きいのですが、松本先生は生前、講演などで次のようなことをおっしゃっていました。

「脳はある目標を設定し、その達成に向けてみずから回路を作っていきます。だから『こうありたい』と強く思い続けることが重要であり、脳の働きは意欲によって活性化されていくのです」

別に孫社長だって、生まれつき超人的な才能を持つスーパーマンだったわけではありません。しかし早くから目標を決めたことで、持って生まれた以上の力を脳が発揮するようになった。そしてゴールに向かって、他の人の何倍もの行動力で進み続けることができたのでしょう。

つまり10倍速で目標を達成したいなら、まずは目標を明確にすることが必要なのです。

目標を明確にすると、「やらなくていいこと」がわかる

目標を明確にするメリットは、もう一つあります。

それは「やるべきこと」と「やらなくていいこと」がはっきりするので、ゴールに到達するまでのスピードをさらにアップできるということです。

例えば「英語をマスターしたい」という目標を持つ人は少なくないでしょう。「仕事で英語を使えるようになりたい」と思っている人も多いはずです。

しかし、拙著『海外経験ゼロでも仕事が忙しくても「英語は1年」でマスターできる』でも書きましたが、「仕事で英語を使えるようになりたい」という目標では漠然としすぎています。

「仕事で英語を使う」といっても、大勢の前でプレゼンをしたいのか、英語で会議や交渉を仕切りたいのか、海外のお客さんとメールでやりとりをしたいのか、その人の仕事内容によって求められる英語はまったく違うからです。

ですから短期間で英語をマスターしたければ、まずは「英語を使って何をしたいのか」をはっきりさせて、「やるべき学習」と「やらなくていい学習」を区別し、自分にとって本当に必要な勉強だけに集中しなくてはいけません。

そうでないと、「英語でビジネス交渉ができるようになりたい」という人が、日常会話のテキストを一生懸命勉強するといった的外れなことをついやってしまうことになります。

そんなことをしていては、何年かかっても英語をマスターすることはできないでしょう。

10倍速で目標を達成するには、「**やらなくていいことは捨てて、やるべきことに限られた時間と気力を集中する**」ことも大事だということを、頭に入れておいてください。

目標を「数値化」すると、実現確率が一気に上がる

さて、目標を明確にすることの重要性はわかってもらえたかと思います。

「でも〝明確にする〟って、具体的にはどういうこと？」

確かにそうですね。何をもって〝明確〟とするかは大事なところです。

実はその答えははっきりしています。

それは目標を「数値化」すること。これが目標を実現するまでのスピードと成功の確率を高めるための、一つ目のコツです。

もちろん孫社長も、目標を数値化しています。

三十代で貯める軍資金は「少なくとも一〇〇〇億円」と決めていましたし、ソフトバンクを創業した時も「一兆、二兆と勘定する会社になる」と宣言しています。

これはちょっとスケールが大きい話なので、もう少し身近な例で考えてみましょう。

例えばあなたが「将来マンションを買いたい」と考えたとします。しかし、それでは目標としてあいまいです。

そこで、数値化をしてみましょう。

別に難しいことではありません。要するに、目標を数字に置き換えればいいのです。

「いつまでに」という期限を区切るのも忘れないでください。

「十年後までに、頭金として一〇〇〇万円を貯めたい」

これで目標が「数値化」されました。

実はここに大きなメリットが生まれます。それは「**目標達成までに何をすべきか**」という**具体的な行動が見えてくる**ことです。

「十年後に一〇〇〇万円」が目標ですから、一年で一〇〇万円ずつ貯めていく必要があることはすぐにわかります。

さらに「一年で一〇〇万円」を達成するには、毎月八万円強の貯金をしなくてはいけないことも簡単に理解できます。

ここまでわかれば、「毎月八万円はけっこう大変だな。だったら食費と洋服代を節約しようか」「いや、もっと収入のいい仕事への転職を目指したほうがいいのでは」といった〝やるべきこと〟が見えてくるはずです。

ただぼんやりと「マンションが欲しいなあ」と思っているだけでは、こうはいきません。具体的に何をやるべきかをイメージできないので、最初の一歩を踏み出すことさえできないままでしょう。

「ゴール＝大きな目標」を、いかに毎月や毎日の行動へと落とし込むか。そのために「数値化」はとても有効な手段だと言えます。

数値化すれば、人は動き出せる

先ほど例に挙げた英語学習でも、数値化はとても役立ちます。

日本人が英語をマスターするには、約千時間のトレーニングが必要とされています。

よって一年間でマスターするのが目標であれば、「一年間で千時間の勉強をする」と数値化できます。

一年は約五十週なので、一週間あたり約二十時間、一日につき約三時間の勉強を続ければ、この目標は達成できる計算になります。

これで「英語をマスターしたい」という漠然とした目標だったものが、どんどん具体的になり、はっきりとした行動として捉えることができました。

今何をやるべきかがわかれば、人は動き出します。数値化すれば、目標へ向かってスタートを切りやすくなるのです。

数値化には、自分のモチベーションを高めてくれる効果もあります。

ダイエットをする時も、毎日体重を量って、一キロ、二キロと減っていくのが数字で見えると、「もっと頑張ろう！」と思いますよね。

これは数値化することで自分がレベルアップできたという達成感が得られて、さらにやる気が出るからです。

つまり最初の一歩を踏み出すだけでなく、その行動を継続していくためにも非常に効果があるということ。よって「数値化」は、目標を立てる時に必ず実践すべき重要ポイントだと言えます。

ゴールから逆算して、一週間単位のToDoに落とし込む

目標を数値化して、〝やるべきこと〟はわかりました。

「よし、英語をマスターするには一日三時間ずつ勉強すればいいんだな！」

でも、多くの人は続けてこうつぶやきます。

「……忙しくてそんな時間ないけどね」

そして、いつまでも最初の一歩を踏み出さずに終わってしまいます。

英語学習だけでなく、「資格を取りたい」「本を書きたい」といった目標を持つ人は、このパターンに陥りがちです。「いつかやろう」と思いつつ、毎日の仕事や生活が忙しいからと先送りにしてしまう。そうして何年も経ってしまい、結局はもうダメだとあきらめてしまった……。そんな人は少なくないはずです。

でも、「目標を達成できないのは、時間がないのが原因だ」というのは、果たして真実

なのでしょうか。決してそうではないはずです。

忙しさを言い訳にしたい気持ちは、私にも本当によくわかります。

私もソフトバンク時代は、孫社長と一緒に早朝から深夜まで働き、さらに自宅でも持ち帰った仕事をこなすことが珍しくない毎日でした。そんな時に「仕事以外のことをやれ」と言われたら、「できません！」と言いたくなるのが人間というものでしょう。

ところがそんな私も、英語を習得する必要に迫られてからは、言い訳などしている場合ではなくなったのです。

私はもともと、まったく英語が話せませんでした。しかしソフトバンクに入社後、孫社長の海外出張に同行したり、外資系金融機関のネイティブたちとの交渉を任されたりしたため、どうしても英語をマスターしなくてはいけなくなったのです。

そして私は、超多忙な仕事をこなしながら、一年で英語をマスターしました。

どんなに仕事が忙しくても、目標を実現する方法があります。気力も体力も並の私自身がそれを実践してきたのですから、うそではありません。

では、私はいったいどうやって英語の勉強を続けることができたのでしょうか。

そのカギは「**週間化**」にあります。これが目標を実現するまでのスピードと成功の確率を高めるための、二つ目のコツです。

一週間の中で帳尻を合わせる

「週間化」とは、その名の通り「一週間単位でスケジュールを組む」のがルールです。目標を数値化したら、それを週単位の数字にブレイクダウンしましょう。

英語をマスターする場合ならこうなります。

「一年間で千時間の勉強をする」

↓

「一年は約五十週あるから、千時間÷五十週＝二十時間。つまり、一週間で約二十時間の勉強をする」

あとは、この二十時間を一週間のスケジュールの中で、どこに当てはめていくかを考えればいいのです。

先ほどは漠然としていた目標をより具体的に意識してもらうため、「一日で約三時間の勉強をする」というところまで細かく計算しましたが、それはあくまで目安の数字として、**スケジュールを組む際は「週単位」で考える**ようにしてください。

なぜなら、一週間の中で帳尻を合わせたほうが、無理なく続けられるからです。

「必ず一日三時間勉強する」と決めてしまうと、それこそ「急な残業が入って、予定の学習時間をこなせなかった」という日が出てきます。時には体調が悪い日もあるでしょう。

すると「今日も目標を達成できなかった」という事実だけが残り、挽回の余地がなくなってしまいます。モチベーションも下がって、「昨日できなかったから、もういいや」と投げ出しかねません。

しかし「一週間で二十時間勉強すればいい」と考えれば、すぐに取り返せます。

「仕事が忙しくて、平日は二時間ずつしか勉強できなかった」という週は、土日の勉強時間を増やせば週の目標を達成できます。

「だったら、二週間単位や一ヶ月単位でもいいんじゃないの？」

そう思うかもしれませんが、スパンが長すぎると、人はどうしても怠け心が出ます。

「今週は二時間ずつしか勉強できなかったけど、まだ一週間あるから何とかなるだろう」ついそんなふうに考えてしまうからです。

しかし、一日につき二時間ずつしか勉強しなかった一週間分のマイナスを取り返すのは、たとえ次の一週間をかけても容易なことではありません。そして結局は二週間でも帳尻が合わなくなり、そのままぐだぐだになってしまうのがオチです。

「七日間のサイクル」が最も受け入れやすい

一人の人間が一度に把握できる数字は、〝七〟が最大とされています。

「マジックナンバー7」という言葉を聞いたことがあるでしょうか。アメリカの心理学者が発見したもので、人間が短期的に記憶できる容量は七個前後だという法則です。

例えば机の上に硬貨をばらまいた時、普通の人が一瞬で数を認識できるのは七枚程度だということです。経営学でも、一人の上司が管理できる部下はせいぜい七人までだとする「スパン・オブ・コントロール」という原則があります。

つまり七を超えた大きな数字を扱うのは、人間にとって難しいのです。

よって「七日間で一つのサイクルを回す」というのが、誰にとっても受け入れやすいリズムであり、無理なく継続できるスケジュールを組む秘訣です。

いわば「週間化＝習慣化」ということです。

加えて、人間が記憶したことは、学習してから一週間後にはその七七％を忘れてしまいます。これはドイツの心理学者ヘルマン・エビングハウスの実験により証明されています。

しかも一日後に復習すれば忘れてしまった記憶も短時間でよみがえりますが、一週間以上経過した後では、復習しても完全によみがえらない記憶が残るそうです。

つまり、勉強した内容をしっかり記憶に定着させるためにも、「今週やったことは、同じ週のうちにけりをつける」というルールでサイクルを回してください。

「平日に間違えたところや覚えきれないところがあったら、土曜日に復習しよう」というように、「週間化」を基本にすれば確実に毎週ステップアップしていけます。

その代わり、「一週間単位の目標は必ずこなす」という意識はしっかり持ってください。

このサイクルをぐるぐる回していけば、その行動は必ず習慣として定着するはずです。

孫社長は「人生五十年計画」のほかに、毎年正月に「その年の目標」も立てている

「困難は分割せよ」

これはフランスの哲学者、デカルトの言葉です。

「どんなに難しい問題も、小さく分けていけば解決の糸口が見つかる」ということを意味しています。

同じように、一見すると不可能に思えるような高い目標も、小さく分割していけば、その一つひとつを達成することは可能になります。

ですから、「目指す山＝ゴール」を決めたら、「ひと月でどこまで進むか」「一週間でどこまで進むか」といった小さな目標を設定することが大事です。

もちろん孫社長も、「目標を小さく分ける」という作業をしていました。

「人生五十年計画」は十年単位の目標ですが、それを達成するために、一年ごとの目標も毎年きちんと立てていたのです。

「はじめに」で、私が正月に孫社長に呼び出されて、一緒に年間目標を立てたというエピソードをお話ししました。

あれはこの年に限ったことではなく、孫社長は毎年、「十年単位の目標を達成するために、今年達成すべきこと」を欠かさず決めていたのです。

さらにそれを、月間や週間の小さな目標に分けることも実践していました。

その時々でやらなくてはいけないタスクを、孫社長がＡ４サイズほどの紙に書き出している姿をよく目にしたものです。それを移動の車の中で見せられて、私も一緒にチェックしたことがしばしばありました。

そして孫社長は、車の中からあちこちに電話をかけて、「明日十時に○○さんに来てもらって」「来週までに××さんとの面談をセッティングして」といった指示を出して、どんどんタスクをつぶしていくのです。

孫社長がこうした指示を出すのは、ほとんどが「人と会う時間を決めてくれ」というものでした。なぜなら、人と会う予定が決まれば、それに付随してやるべきことのスケジュールも自然と決まるからです。

一週間後に孫社長が取引先の幹部と会うとなれば、私たち社長室の人間は、そこから逆算して前日までには打ち合わせで使う資料を作成しなくてはいけません。その資料をまとめるには、社内の方針を決めなくてはいけないので、その案件に関わるメンバーを集めて社内ミーティングを開く必要も出てきます。

こうして逆算していけば、孫社長個人のタスクだけでなく、会社全体としてのタスクもどんどんつぶしていけるわけです。

細かいタスク管理が大きな目標の実現につながる

もう一つ、孫社長が一気にタスクをつぶすためによくやったのが、社外的な発表の日程を最初に決めてしまうことでした。

「○月×日に、A社とのジョイントベンチャー設立について記者発表する」

いきなりこんなふうに決めてしまうのです。そして、記者発表の会場になるホテルを予約してしまいます。

まだA社との交渉が継続中にもかかわらずです。

しかし、孫社長がそう決めたからには、交渉担当者たちは必死になって期日までにA社との間で条件の合意を取りつけようと奔走します。デッドラインが決まったことで、停滞していた交渉が一気に動き出すことも珍しくありませんでした。

つまり、**人と会う予定や発表の日程といった、絶対に動かせない「小さな目標」を設定することで、実現までのスピードが大幅にアップする**わけです。

孫社長がこうした「小さな目標」をどんどん決めていってしまうので、それについていく社内の人間たちは大変でしたが、目標を最速で実現するには非常に効果的なやり方だったと言えます。

「孫社長ほどの人になれば、細かいタスク管理は周りの人が全部やってくれるんでしょ」と思うかもしれませんが、そんなことはありません。

むしろ日々のタスクを管理することは、孫社長にとって最優先事項でした。

それは、大きな目標を達成するためには小さな目標を管理することがいかに重要か、よく知っていたからです。

自分を探すな。ロールモデルを探せ

以前、孫社長から「大きな成功を成し遂げるには、ビジョンを持て」と言われたことをお話ししました。

「どの山に登りたいのか、はっきりさせなさい」というわけです。

でも、多くの人はこう考えるのではないでしょうか。

「ビジョンなんて壮大なことを言われても、思いつかない……」

これはもっともな感想だと思います。

ビジョンというのは「将来こうなりたい」という未来像です。

「ビジネスパーソンとして成功したいとは思っているけれど、具体的にどうなりたいかと言われると……」

「いつか海外で暮らしてみたいけれど、外国で何をすればいいかがわからなくて……」

そんなふうに、ぼんやりとした目標はあっても、なかなか明確な未来像が描けないということだってあるでしょう。

こうした状態から抜け出し、目標を具体化するために、おすすめの方法があります。

それは「お手本となるロールモデルを見つける」というやり方です。

「自分もこうなりたい」と思う人や会社を探して、その対象に追いつく、あるいは最終的に超えることを目指す。つまりロールモデルを「ベンチマーク（指標）」にするのです。

この「ベンチマーク法」が、目標を実現するまでのスピードと成功の確率を高めるための三つ目のコツになります。

第１章で話した通り、孫社長がかつてロールモデルにしたのはＮＴＴドコモでした。

二〇〇六年にボーダフォンを買収した時は、代理店の店長たちを集めた場で「十年以内に必ずＮＴＴドコモを超える」と宣言し、この目標を初めてはっきりと口にしました。

そして二〇一三年上半期、ついにソフトバンクは売上高、営業利益、純利益のすべてのベンチマークでＮＴＴドコモを超え、業界ナンバーワンの座を獲得したのです。宣言から七年後のことですから、「十年以内」という当初の目標を上回るスピードでした。

それを実現できたのは、孫社長が常に「NTTドコモを超えるにはどうすればいいか」を考え続けていたからにほかなりません。超えるべきベンチマークが明確だったからこそ、これだけの速さで大きな目標を実現することができたのです。

ロールモデルを徹底して真似てみる

ですから皆さんも、「自分もこうなりたい」と思えるロールモデルを見つけてください。「ビジネスパーソンとして成功したい」という人なら、社内で高く評価されている先輩社員を見て「あんなふうになれたらいいな」と憧れたことがあるのではないでしょうか。

だったら、その人をロールモデルにすればいいのです。

ロールモデルが決まったら、その人のことを調べたり、観察したりしてみましょう。

すると、その先輩社員がどんな勉強をしてきたのか、どんな部署でどんな業務を経験してきたのかがわかります。日頃の仕事ぶりをよく見ていれば、交渉に行く前にどんな準備をしているのか、プレゼンの資料はどのように作っているのかなども見えてきます。

あとは、その人がやっていることを真似すればいいのです。

その先輩が海外のプロジェクトを任されていて、そのために英語の勉強をしてきたのなら、自分も勉強をしてみる。勉強法についても、どのようなスケジュールでどんな教材を使ったのかを先輩本人に聞いて、それを参考にする。先輩のキャリアを調べて、「シンガポールに一年、タイに二年の駐在経験があって、東南アジア事情に詳しい」とわかれば、自分も東南アジアへの異動希望を会社に出してみるのもいいでしょう。

そうすれば、ベンチマークに追いつき、追い越すのも決して不可能ではなくなります。

私にも、その時々でロールモデルになる人がいました。

新卒で就職した三菱地所では、ある先輩社員が私のお手本でした。

その人は会議やプレゼンでのコミュニケーションがとても上手でした。相手が反対意見を述べても、あからさまに反論せず、「なるほど」と相づちを打つのです。

その言い方が相手の意見に感心したように聞こえるので、敵対していた相手も拍子抜けするらしく、その場の空気が穏やかになるのです。それどころか、議論が進むうちに、相手が先輩の意見に同意してしまうことも珍しくありませんでした。

それを見て「これはすごいぞ」と思った私は、自分でもよく「なるほど」と言うようになりました。今ではその習慣がすっかり染み付いて、口ぐせになっているほどです。

ソフトバンクを退社し、独立してからは、やはり孫社長がロールモデルです。

社外取締役として経営者たちにアドバイスをする時は、「孫社長ならどう言うだろうか」と考えます。孫社長の思考を常に真似しているようなものです。

いくら自己分析をしても、目指すべきものは見つからない

ですから、最初は真似から入ればいいのです。「人と同じことをするなんて」と思わず、正々堂々とロールモデルの真似をしてください。

よく「将来何を目指せばいいかわからない」といって、自分探しに精を出す人がいます。しかし、**いくら自己分析して、自分の内面を掘り下げても、おそらくあまり意味はない**ように思います。

「自分はこんな能力がある！」と自分で確信できるものなど見つからないのが普通ですし、誰が何に向いているかなんて、それこそ正解がないからです。

それをいつまでも自分の頭の中だけであれこれ考えたところで、答えは出ません。まさ

しく山のふもとをグルグル回っているようなものです。

それよりも、まずは「あの山を登りたい」と決めてしまったほうがいい。そうすれば、目標がどんな山であれ、少なくとも今いる位置よりは高いところへ上がっていけます。

進むべき方向を定め、ベンチマークを決め、そこに向かって全力で走っていく。孫社長が言うように、それしか大きな成功を成し遂げる方法はないのです。

とりあえず一回やってみて、「高速PDCA」を回すことも重要

ここまで、目標を設定することの大切さをお話ししてきました。

しかし、ひとつだけ注意点があります。

それは「**目標を設定すること自体に時間をかけすぎてはいけない**」ということです。

目標を設定する段階でのんびりしていると、その間にその目標を達成するための条件や環境が変わってしまうことがあります。あるいは、大きな目標としていたことを、他の誰かが先にやってしまったり、達成してしまう可能性もあります。

今は変化の早い時代だからこそ、計画段階で時間をかけすぎず、できるだけすぐに実行に移すことが必要なのです。

ＩＴ業界などは、その典型的な例でしょう。

ゲーム一つとっても、一年前と今とでは流行しているものがまったく異なります。つい最近できたばかりの会社が大ヒットを飛ばすこともあれば、一時代を築いた会社が消えていくこともあります。

ほんの数ヶ月や半年のうちに、業界の勢力図が一変することも珍しくないのです。

そんな中で「どんな目標設定が正しいか」を長々と議論するのは無意味です。そもそも不確実性の時代に、絶対の〝正解〟などないのですから。

ではどうすればいいかというと、とにかく一回やってみることです。大きな目標をブレイクダウンして、小さな目標を設定したら、まずは実際にやってみればいいのです。

すると、「この方法はあまりうまくいかないな」「このやり方は思った以上に効果が出るぞ」といったことがわかります。

うまくいくにしろ、いかないにしろ、何らかの答えが出るわけです。それでうまくいけばそのまま続ければいいし、うまくいかなければやり方を修正すればいいだけです。

「会社が終わってから、毎日三時間英語を勉強する」と目標を決めたものの、実際にやってみたら、仕事の後は疲れて集中できないことがわかったとしましょう。

であれば「朝早起きして二時間、通勤時間で一時間勉強することにしよう」などとやり方を修正します。それをまたやってみて、「通勤電車は混雑していて勉強するのが難しい」とわかったら、今度は昼休みの時間を使って勉強してみます。

そうやって、目標を最速で達成できるやり方を見つけていけばいいのです。

机の前でスケジュール表とにらめっこして、「朝勉強するのと、夜勉強するのとでは、どちらが効率的かなあ」などと延々と考えるより、よっぽど早く目標に辿り着けます。

ビジネスの世界では、「Ｐｌａｎ（計画）」→「Ｄｏ（実行）」→「Ｃｈｅｃｋ（評価）」→「Ａｃｔｉｏｎ（改善）」のサイクルを繰り返す、「ＰＤＣＡ」の手法が有効だとされています。個人の目標達成も、基本は同じです。

ただし重要なのは、このサイクルをできるだけ速く回すこと。この手法を名付けるなら、**「高速ＰＤＣＡ」**とでも呼ぶべきでしょうか。

さらに「数値化」の手法を組み合わせて、実際にやったことを「Ｃｈｅｃｋ（評価）」する際、できるだけ数字で効果を確認するとよいでしょう。

この点については、第5章で詳しく説明します。

頭で考えて正解を見つけ出すのではなく、仮説でいいから素早く＆小さく実験してみる

「とにかく一回やってみるのが大事なのはわかりました。でも、自分は大きな目標さえ漠然としているので、小さな目標を設定することができないんですが……」

きっとそんな人もいるでしょう。

それなら、小さな目標は仮で決めてしまって構いません。「こんなやり方もあるな」と思ったら、それを全部書き出して、実行可能な小さなものからやってみればいいのです。

例えばあなたが「いつか海外で暮らしたい」という夢を持っていたとします。

しかし、これでは目標がぼんやりしすぎていて、具体的にどんなアクションを起こせばいいのか見当もつきません。

そもそも〝海外〟といっても、アメリカなのか、ヨーロッパなのか、東南アジアなの

か。それすらはっきりしていません。

かといって、いきなり就職活動をする大学生のように「自分はアメリカ向きか、ヨーロッパ向きか、東南アジア向きか」を自己分析したところで、答えは出ません。

もちろん、それが無駄とは言いません。現実問題として、「英語は苦手だけれど、ポルトガル語は得意」という人なら、ポルトガル語圏の国のほうが暮らしやすいし、仕事も見つけやすいのは事実でしょう。

ただ、それだけのスキルを持つ人なら、悩まなくても「ポルトガル語圏で暮らす」という明確な目標が見つかるし、目標を達成するのもそれほど難しくないはずです。

一方、多くの人は「特別なスキルも経験もないけれど、夢をかなえたい」というところからスタートします。

だから最初は仮説でいいのです。とりあえずは「アメリカで暮らす」と仮定して、すぐできることをやってみます。英会話学校に通うとか、短期のホームステイを経験してみるとか、今の自分でもやれることはあるはずです。

こうして小さく実験してみれば、自分が本当にアメリカで暮らしていけそうか、だいたいの見当はつくでしょう。

自分の中を掘り下げるのではなく、外へ向かって一歩でも二歩でも踏み出してみる。これは目標を実現するための基本ルールと言っていいものです。

自分の頭で考えたら何かがわき出してきて、すごいものを生み出してしまった。そんなことは、よほどの天才にしか不可能です。孫社長にさえ無理だと思います。

第3章で詳しく説明しますが、孫社長は会社にこもって一人でアイデアを考えるタイプではありません。外に出て人と会い、情報をもらったり、知恵を借りたりすることで、目標を達成する方法を発見しているのです。

自分の中にこもるのではなく、外にあるものと出会い、ぶつかってみて初めて生まれるもののほうがこの世には多い。いや、ほとんどがそうだと言っていいでしょう。

ですから、「**まだ目標が漠然としている**」**という人こそ、仮の目標を決めて、それを実際にやってみてほしい**と思います。

この〝小さな実験〟を繰り返すことで、自分ができることや望んでいることが次第に明確になっていきます。その結果、目標もはっきりと見えてきます。

あとは「高速ＰＤＣＡ」をどんどん回していけばいいだけです。

「海外で暮らしてみたい」という漠然とした夢をいかに実現するか？

では、この章で紹介したノウハウを使って、先ほどの「いつか海外で暮らしたい」という漠然とした夢をかなえる方法を考えてみましょう。

まずは、仮の目標を決めます。

この時のポイントは、**いい意味で〝適当〟に考える**ことです。

この場合なら、「今まで旅行した中で、スペインとポルトガルが楽しかったから、この二つの国のうちのどちらかで暮らすことを仮の目標にしよう」というくらいで問題ありません。

ここでは「とにかくいったん決めてしまう」という行為自体に大きな意味があると理解してください。

「スペインかポルトガルで暮らす」というざっくりとした仮の目標が決まったら、次は

「どうやって生計を立てるか」を考えます。

大事なのは、自分の頭だけで考えないこと。海外のことに詳しい人に相談したり、海外暮らしの体験談を本やネットで収集することが必要です。そうすれば、より幅広いアイデアが出るし、仮説のバリエーションも増やすことができます。

もし私が相談されたら、第1章で紹介した「ナンバーワン戦略」を使って、「現地でお店を開いてみたらどうか」とアドバイスします。

スペインやポルトガルで他の人がやっていないニッチな商売をやれば、その国での実績や経験がなくても、いきなりナンバーワンになれるからです。

そこで「その国にはまだない日本料理のお店」を考えることにします。普通の和食店やお寿司屋さんならスペインやポルトガルにもたくさんあるので、日本料理の中でも誰も手をつけていないメニューを探すのです。

ただしニッチといっても、需要がゼロではビジネスが成り立たないので、その土地の文化や習慣に合っていて、地元の人に拒否されないものであることが条件になります。

そこで調べてみると、スペインやポルトガルではタコを食べる習慣があるとわかりました。同じヨーロッパでも内陸の国は食べないのですが、地中海沿岸の国々にはタコを使った地元料理もたくさんあります。

だったら、「スペインかポルトガルで、たこ焼き店を出す」というのはどうでしょうか。調べてみると、これらの国に日本風のたこ焼き店がないわけではありませんが、軒数はごくわずかのようです。

ここで「海外で暮らしたい」という漠然とした夢が、「スペインで（ポルトガルで）たこ焼き店を出す」という具体的な目標にブレイクダウンされました。

現地で実際にたこ焼きを売ってみる

ただし、これもまだ仮の目標です。本当にスペインやポルトガルでたこ焼きが売れるのか、やってみなくてはわかりません。だったら、時間をかけてビジネスプランをじっくり練るより、短期間でいいから実際に現地に行って、たこ焼きを売ってみましょう。

イベントやお祭りで期間限定の屋台を出店する形なら、それほどハードルは高くありません。店舗を借りてお店を構えるわけではないので、コストもかかりません。

こうして**今の自分にできる範囲の〝小さな実験〟をやってみれば、その仮説が正しいかどうかを確認できます。**

もしうまくいったら、本格的に現地にお店を出すプランを練ります。もしうまくいかなければ、また別の小さな実験をしてみて、成功しそうなものを見つければいいでしょう。

ですから、「仮の目標＝仮説」はできるだけたくさん設定しておくことが大事です。

この場合も、たこ焼き店のほかにも考えられる仮説をいくつも用意しておきます。

「どの仮説の成功確率が高いか」といった緻密な分析や計算をしようとせず、思いつくものや実現の可能性が少しでもありそうなものを、たくさん書き出してみましょう。

そうすれば、一つの仮説がダメでも、すぐに方向転換できます。これは第1章の「くじ箱戦略」の応用でもあります。

あとは「小さく実験→結果を検証→次の手を打つ」というPDCAサイクルを、できるだけスピーディーに回していくだけ。そうすれば、「これならスペインで（ポルトガルで）生計を立てられる」という答えが最短で見つかるでしょう。

これは、**机に向かって「自分は何が向いているか」という自己分析だけをしていたら、**

決して辿り着けないゴールです。

仮でいいから目標を決め、一回やってみて、あとは「高速ＰＤＣＡ」を回していく。

「まだ目標が漠然としている」という人にこそ、ぜひこれを実践してみてほしいと思います。

CHAPTER.3

第3章

10倍速で目標を達成するための

「人の力を借りる技術」

「世の中の資源」を
どうやって動員するか?

目標を明確にしました。「3大基本戦略」を使って、目標までの最短ルートも考えました。では、次に何が必要になるでしょうか。

10倍速で目標を実現するには、自分の力だけでは不可能です。たとえどんな天才であろうとも、一人でできることには限りがあります。

よって目標を実現するには、必ず他の誰かの力が必要になります。

実は孫社長も、人の力を借りる達人です。仲間を集める達人でもあります。

何か新しいことを始めようとすれば、人・モノ・お金・情報などが必要です。それを最初から十分に持っている人は少ないので、どこかから集めてこなくてはいけません。

つまり10倍速で目標を実現するには、人・モノ・お金・情報といった「世の中の資源」をいかに自分の目標達成のために動員するか、がカギになるのです。

これは「わらしべ戦略」「ナンバーワン戦略」「くじ箱戦略」の3大基本戦略に並ぶ「第4の戦略」と言っていいでしょう。

孫社長のスピード成功の裏には、間違いなくこの戦略がありました。

それでは、私が間近で見てきた孫社長のエピソードをもとに、「上手に人の力を借りるコツ」や「世の中の資源を動員するコツ」を紹介していきましょう。

なぜソフトバンクはiPhoneを獲得できたか？――ナンバーワンと組め

第1章で紹介した「ナンバーワン戦略」には、「自分がナンバーワンになる」という方法に加えて、「ナンバーワンと組む」というやり方もあります。

要するに、すでに成功している相手と組んで、その力を借りるわけです。先が見通せない不確実な時代に、成功する確率とスピードを高めるには、これは非常に有効なやり方です。

孫社長も、この手法を最大限に活用していました。

実際にソフトバンクは、さまざまなナンバーワン企業と提携してきた実績があります。

例えば、まだ創業から間もない頃には当時のソフトウエア業界最大手だったハドソンと提携しましたし、二〇〇〇年前後にはマイクロソフトと合弁会社を作ったこともあります。また、ネットワークの要となるルーターで世界トップブランドだったシスコシステムズの日本法人と組んでジョイントベンチャーを立ち上げたり、アメリカで検索エンジンの主流がグーグルになるとYahoo! JAPAN(ソフトバンクのグループ会社の一つ)とグーグルが提携をしたりもしました。これだけを見ても、孫社長が常にナンバーワンと組むことを意識していることがわかります。

極めつけは、アップルと組んでiPhoneを日本で独占販売したことでしょう。ソフトバンクは、iPhoneの日本上陸時から約三年間、日本での独占販売権を有していましたが、これは同社が携帯電話事業会社として大きく飛躍する要因になりました。

しかし当時のソフトバンクは、今と違ってNTTドコモやau(KDDI)に大きく差を開けられていました。普通なら、どう考えてもソフトバンクが圧倒的に不利です。

ではなぜスティーブ・ジョブズは、携帯電話の販売実績で日本ナンバーワンだったNTTドコモではなく、ソフトバンクと組んだのでしょうか。

孫社長が巧みなトークで説得したから?

個人的に親しい間柄だったから?

……いずれも答えはノーです。

ここに目標を10倍速で実現するための重要なヒントがあります。

相手が絶対に組みたいと思う条件を示す

なぜアップルがソフトバンクをパートナーに選んだのか。

それはズバリ、「相手が絶対に組みたいと思うような状況を用意したから」です。

かといって、できもしないことを「できる」と言って大ボラを吹いたとか、ましてやあやしい条件を提示して裏取引をしたわけではありません。

孫社長がうまいのは、「自分が今持っているものの価値を、いかに大きく見せるか」という点です。

おそらくｉＰｈｏｎｅの交渉でも、「日本の携帯電話の純増ナンバーワンはソフトバンクです」という点を強調したはずです。

累積販売台数ならＮＴＴドコモがナンバーワンですが、アップルはこれから日本でｉＰｈｏｎｅを販売するのですから、過去の実績や既存顧客がどれだけあるかよりも、「今後売る力が一番あるのはどの会社か」が重要になるわけです。

さらには、「ソフトバンクはアジアのインターネット市場でナンバーワンです」とも伝えたでしょう。

日本のインターネット業界でＹａｈｏｏ！ ＪＡＰＡＮは圧倒的なナンバーワンですし、中国には、インターネット通販最大手のタオバオやアリババといったソフトバンクのグループ企業もあります。

スマートフォンは単なる電話ではなく、インターネットを利用することでその価値を発揮するツールですから、「アジアのインターネット市場でナンバーワン」という言葉はｉＰｈｏｎｅの販売を任せる上で大きな強みになります。

たとえ「ＮＴＴドコモは日本の携帯電話市場で圧倒的シェアを誇っています」と聞いても、孫社長の言葉のインパクトにはかなわなかったでしょう。

ナンバーワンと組むために、自分がナンバーワンになる

こうしてアップルは、ソフトバンクと組むことを選びました。

日本の人たちは「なぜアップルは三番手の携帯電話会社と組んだんだろう？」と不思議

に思ったかもしれませんが、きっとスティーブ・ジョブズはそんなふうには考えていなかっただろうと思います。

彼は「アジアナンバーワンの企業と組んだ」と思っていたはずです。

これが孫社長の交渉の巧みなところです。

皆さんもお気づきだと思いますが、孫社長はナンバーワンと組むために、「自分がナンバーワンになる」という戦略を駆使しています。

「携帯電話の販売実績」という土俵で負けているなら、「携帯電話の純増台数」という土俵に戦いの場を変えればいい。「日本の携帯電話会社ナンバーワン」を名乗れないなら、フィールドを変えて「アジアのインターネット企業ナンバーワン」を名乗ればいい。

こうして「このセグメントなら自分はナンバーワンになれる」という分野をうまく見つけて、それを交渉の説得材料に使っているのです。

実際のところ、孫社長は事実以上のことは何も話していません。それでも相手に「絶対にこの人と組みたい」と思わせることは可能なのです。

ナンバーワンと組むために、まずは自分がナンバーワンになる。孫社長が二種類の「ナンバーワン戦略」を同時に実践してみせた典型的な例だと言えます。

交渉は〝始まる前〟に勝負が決まる
――交渉の秘訣は「鯉とりまあしゃん」に学べ

実は、孫社長はｉＰｈｏｎｅの交渉をスタートするずっと以前から、アップルと組むことを視野に入れてさまざまな下準備をしてきました。

「ソフトバンクの携帯電話を買ったら、ｉＰｏｄがもらえる」というキャンペーンを展開したのも、そのためです。

それによってソフトバンクは、「アップル製品を大量に販売した」という実績を手に入れることができました。これは当然、アップルに対して強いアピールになります。

さらには、会社のコーポレートカラーまで変えてしまいました。

覚えている人もいるかもしれませんが、かつてソフトバンクの会社のロゴには、黄色の二本線が入っていました。

しかし現在は、白地に銀色の二本線が入っています。

なぜ変えたのかというと、銀色はｉＰｏｄのイメージカラーだったから。孫社長はこのカラーリングをそのまま自分の会社に取り入れたのです。

それだけでなく、ソフトバンクモバイル（現・ソフトバンク）の店舗も白を基調としたデザインで統一しました。これはもちろん、アップルストアのデザインに強く影響を受けてのことです。

こうして孫社長は、「私たちはアップルをこれほどまでにリスペクトしています」と相手に伝える材料にしたのです。

会社のイメージカラーを変えるというのは、経営者にとってかなり大きな決断です。スティーブ・ジョブズも同じ経営者として、孫社長の本気度を感じ取ったことでしょう。

このエピソードからわかるのは、孫社長は決して交渉の場だけで勝負しているわけではないということです。

会社のロゴを変えたのは、ｉＰｈｏｎｅの独占販売についてアップルと合意したことを発表するより二年も前のことです。

おそらくその頃から、いつかアップルと組むことを視野に入れていたのでしょう。

孫社長の交渉力のすごさは、その場の口のうまさにあるのではありません。むしろ「勝負は交渉が始まる前に決まっている」というのが、孫社長の考え方でした。

相手が自然と寄ってくる状況を作る

「三木、交渉の秘訣を知っているか?」

またしても孫社長から突然の質問です。

「いえ、わかりません」

「それはな、『鯉とりまあしゃん』だよ」

私は何のことかわからず「はあ……?」と返したのですが、実はその後もことあるごとに、孫社長から「鯉とりまあしゃん」について聞かされることになります。

「鯉とりまあしゃん」は、かつて福岡県浮羽《うきは》郡(今の久留米市)に実在した鯉捕りの名人です。浮羽郡は孫社長の実家に近い場所でもあります。

孫社長によれば、「鯉とりまあしゃん」は次のような方法で鯉を捕るそうです。

まずは数日前から栄養価の高い食事をとり、水中で体温が低下するのを防ぐ準備をします。そして当日は河原でたき火をして、体をじっくり温めます。

そして裸のまま川に入り、水中に横たわります。

すると、人肌の温かさを求めて鯉が寄ってきます。それをそっと抱き上げて捕獲するのです。

こうして「鯉とりまあしゃん」は、一メートル近い大物を次々と捕らえていたそうです。


これはまさに、孫社長の交渉術そのものです。

本番のずっと前から入念に準備して、相手が自然とこちらへ寄ってくるような状況を作っておく。あとは腕の中に入って来たものを抱き上げるだけなので、特別なテクニックはいりません。

プレゼンの場での説得力やアピール力が本当の勝負どころではないのです。

孫社長はそのことをよく理解していました。

「交渉術は『鯉とりまあしゃん』を見習わないといかん」

私が幾度となくこの言葉を聞かされたのも、今なら十分に納得できます。

派手に発表することで、優秀な人材を引き寄せる

何か新しいことを始めたいと思ったら、まずは仲間が必要です。

最初に言った通り、どんなに才能がある人でも、一人でできることなどたかが知れているからです。裏を返せば、いくら優れたアイデアがあっても、それを実現できる人がいなければ目標を達成することはできません。

孫社長が起業した時、自分が発明した「携帯型自動翻訳機」をシャープに売り込んで得た資金を元手にしたのは有名です。

ただしこの「携帯型自動翻訳機」、コンセプトは孫社長の発案によるものですが、実際に作ったのはカリフォルニア大学バークレー校の研究者たちでした。

このアイデアで特許を取得し、企業に売り込むためには、試作機を作る必要がありま

す。そこで自分が通っていた大学の研究者たちに声をかけてプロジェクトチームを立ち上げ、実際の設計や組み立ては彼らに任せて、自分はマネジメントに徹したのです。

ちなみにこの時点ではお金がなかったので、「試作機が完成して、企業と契約できたら報酬を支払う」と約束して、研究者たちの協力をとりつけたそうです。

こうして無事に携帯型自動翻訳機は完成し、一九七九年にシャープから『IQ3000』という商品名で発売されました。この時の契約料が起業資金になったのです。

孫社長は大学で経済学を学んでいましたから、工学については専門外です。もし自分一人で試作機を作ろうと考えたら、アイデアはアイデアのまま、実際の商品という形になることはなかったかもしれません。

しかし、孫社長はためらわずに人の力を借りました。だからこそ、「資金を作って、自分の会社を立ち上げる」という目標を最速で実現することができたのです。

ナスダック・ジャパン創設がうまくいった理由

ソフトバンクを起業してからも、孫社長は優秀な人材を次々と集めていきました。

そのコツは、「名乗りを上げること」です。

第1章で紹介した「わらしべ戦略」でも、ここぞという時に名乗りを上げて自分の存在を世に知らしめることが大事だと言いましたが、実は人を集める際にもこの方法は有効なのです。

「ソフトバンクは〝発表経営〟だ」と言われることがあります。

新しい事業やサービスを始めるにあたって、早い段階で大々的にマスコミ発表をするからです。

裏側を明かすと、まだ事業を立ち上げる目処が立っていないのに、見切り発車で発表してしまうことも多々あります。

でも、それこそが優秀な人を集める秘訣なのです。

ナスダック・ジャパンの創設を発表したのも、社内に証券取引所や金融業界に詳しい人がまったくいない段階でした。

しかし、孫社長は記者会見を開いて、「全米証券業協会と提携して日本に新たな証券市場を設立する」と発表します。

さらに、ベンチャー起業家二三〇〇人を集めて、ナスダック・ジャパンの設立総会を開きました。これだけの人数の起業家が一堂に会したのは、後にも先にもこれきりだと思います。

この様子がメディアで大きく報道されると、「プロジェクトに参画したい」と申し出る人が続々と現れました。

そして全米証券業協会で働いていた人や、大手証券会社でキャリアを積んできた人など、証券取引所の設立に必要な経験や専門知識を持った人たちがソフトバンクに転職してきたのです。

おかげでプロジェクトは頓挫することなく進み、記者発表から十一ヶ月後の二〇〇〇年五月に、ナスダック・ジャパンは無事開設されました。

これも孫社長が、広く世の中に向けて「これをやりたい」と高らかに宣言したからです。

「Ｐｅｐｐｅｒ」発表も、人・お金・情報を集めるための布石

最近では、ロボットの「Ｐｅｐｐｅｒ（ペッパー）」を販売すると記者発表したのが象

徴的です。

実はこの時点では、一般向けに販売することだけが決まっていて、例えばこれを具体的にどんなビジネスに活用していくのか、といったことは発表されませんでした。というより、それについては、これから具体的に考えていくという段階だったのでしょう。

しかし、孫社長が名乗りを上げたことで、その後に開かれたクリエイター向けのイベントには一〇〇〇社もの開発会社が集まりました。

「Ｐｅｐｐｅｒ」に興味を持つ人がこれだけ多く集まれば、このロボットを応用した新サービスやユニークなアプリケーションを開発するだけの技術やアイデアを持った人がたくさん出てくるでしょう。

そうした人とソフトバンクが組めば、ロボットビジネスをより速いスピードで成長させることができます。

同時に「ロボット事業に出資したい」「自社の商品と組み合わせてみたい」という人や企業も出てくるはずです。

名乗りを上げると、人だけでなくお金やモノ、情報も一気に集まってくるのです。

新たなことを始める時は、自分で勉強するよりも、詳しい人に聞きに行く

新しいことを始めるには、その分野に関する知識やノウハウが必要です。

しかし、一から勉強を始めると、ある程度のレベルに達するまでに相当な時間がかかってしまいます。

目標を10倍速で実現するには、それでは遅すぎます。

ではどうすればいいのでしょうか。

もうおわかりですね。人の知恵を借りればいいのです。

孫社長も新しい事業を始める時は、その分野に詳しい人に話を聞きに行ったり、時にはその人を自分の会社にスカウトしたりします。

金融関連事業を始めるにあたっては、元野村證券の北尾吉孝氏（現・ＳＢＩホールディ

ングス代表取締役執行役員CEO）をソフトバンクの取締役として招き入れました。そして、北尾氏が金融業界で培ったノウハウや人脈をフルに活用し、事業を拡大させていったのです。

二〇一四年には、元グーグル最高幹部のニケシュ・アローラ氏をソフトバンク副社長に招聘しました。のちに、孫社長が事実上の後継者として指名したことで話題になった人物です。

グーグルが短期間であれほどの急成長を遂げたのは、アローラ氏の力が大きいとされています。今後は通信事業だけでなく、IT全般を含めたビジネスを展開していきたいと考える孫社長にとって、そのノウハウや手腕を得られれば大きな武器になることは間違いありません。

人の力を借りる手法を、私は「マウンテンガイド理論」と名付けています。

初めての山に安全かつ一番短い時間で登るためには、その山に詳しいガイドを雇うのが一番です。

ガイドは道案内もしてくれるし、危ない場所も教えてくれるし、疲れたら荷物を持ってくれたりもします。

だから目指す山の頂上に最速でゴールできるのです。

一人で地図を見ながらうろうろしたり、途中で道に迷ったりしたら、頂上に着くのはいつになるかわかりません。万が一道から足を踏み外して転落でもしたら、それこそ目標の達成は不可能になります。

目標を最速で達成するために、ガイドを雇う。

孫社長がやっているのは、まさにこれと同じなのです。

知らない相手でも遠慮なく会いに行く

とはいえ、普通は孫社長のように簡単に人は雇えません。

であれば、その分野に詳しい人に話を聞きに行くだけでもいいのです。

そのテーマで本を出している著者でもいいし、専門で研究している大学の先生でもいいでしょう。ネットで少し調べれば、その分野の第一人者をすぐに見つけることができます。

あとは電話やメールで連絡をとり、会って話が聞きたいとお願いしてみましょう。

「知らない人からいきなり連絡をもらって、会ってくれるものなの？」と思うかもしれませんが、これが意外と会えるものなのです。

本の著者の中には、プロフィールにメールアドレスや自分の事務所のホームページを掲載している人もたくさんいます。

そういう人は、基本的に読者からの問い合わせはウェルカムだと考えていいでしょう。

大学の研究者にしても、自分の専門分野について興味を持ってくれるのはうれしいことらしく、マナーを守ってお願いすれば時間をとってくれる人はたくさんいます。


私自身、新しいことを始めたり、詳しく知りたいことがあると、まったく面識のない人でも連絡をとって会いに行くことがよくあります。

「それは三木さんが社長という肩書きを持っているし、本を出している実績があるから、相手も会ってくれるんじゃないの？」

いえいえ、そんなことはありません。

なぜなら私のところにも、学生から「お時間をいただけませんか」と連絡が来ることがあるからです。そして私も、時間がとれる限り会うようにしています。

たいていは「自分も起業したいのですが、どうすればいいですか？」「大企業に就職するか、このまま起業したベンチャーを続けるか迷っています」といった相談なので、私がアドバイスできることなら答えてあげたいと思うからです。

それに、私の本を読んで自分から連絡をしてきたということは、それだけの強い意志や行動力があるという証拠です。遊び半分でふざけて連絡してくる人間はほとんどいないと考えていいでしょう。

そして実際に、話を聞きに来た学生のうち何人かは、その後自分の会社を立ち上げて社長になっています。志ある若い人たちに自分が持つノウハウや経験を役立ててもらえるなら、私にとってもうれしいことです。

おそらくほかの人たちも、私と同じように考えていると思います。ですから知りたいことがあるなら、その道の達人にどんどん聞きに行くべきです。

藤田田氏に話を聞きに行ったから、今の孫社長がある

実は若き日の孫社長も、この学生たちと同じ行動をとっています。

アメリカ留学が決まった十六歳の時、孫社長は日本マクドナルドの創業者である藤田田《でん》氏を訪ねています。

なぜ名もない高校生がそんな大物経営者に会えたのかというと、何度も何度も藤田氏の秘書に電話をかけ、「話ができなくてもいい、顔を見るだけでもいいんです」と頼み込んだからです。

こうして藤田氏に面会した孫社長は、「アメリカで何を勉強すればいいでしょうか」と質問しました。

それに対し、**藤田氏は「これからの時代は、コンピュータの勉強をすべきだ」とアドバイスしたそうです。**

この言葉が、孫社長のその後の歩みを決定づけました。

もし藤田氏に会いに行っていなかったら、孫社長の人生は今とはまったく違うものにな

っていたでしょう。

人に会って話を聞くことは、目標を達成するためのノウハウはもちろん、「どの山を登ればいいか」というビジョンを描くヒントにもなるのです。

「まだ目標がはっきりしない」という人こそ、ぜひいろいろな人に話を聞きに行ってはいかがでしょうか。

孫社長は「他人の脳力」をフルに引き出している
――何事も一人で考えるな

ここまでのエピソードを見ればわかる通り、孫社長は「自分一人の力で勝負しよう」とは最初から考えていません。

何も知らない人からすれば、すべてを自力でやりとげてしまう天才経営者に映るかもしれませんが、私が間近で見てきた孫社長は、むしろ「徹底して他人の力を借りる」という習慣が根付いている人物でした。

自分の脳の中の部品だけでは限界がある。だから、他の人の〝脳力〟をできるだけ活用するのだ。

そんな意味合いのことをよく言っていたくらいです。

「自分一人で考えない」

これこそが目標の実現スピードをアップするための必須条件だと、私は孫社長から学んだのです。

その証拠に、孫社長が部屋にこもって一人で何かを考えている時間はめったにありませんでした。

それどころか、常に議論する相手を求めていました。

私を含めた社長室のメンバーや経営戦略の担当者は、よくディスカッション・パートナーを務めたものです。

……というとカッコよく聞こえますが、孫社長の議論の相手をすることを、私たちはひそかに「壁打ち」と呼んでいました。

もちろん、私たちのほうが〝壁〟です。

孫社長が「これってどうかなあ」「こういう考えもあるよね」といった言葉を壁に向かって打ってきたら、それを跳ね返すのが私たちの役目です。

跳ね返すスピードや角度は、とくにこだわらなくて構いません。孫社長にとっては、打ったボールが返ってくることに意味があるのです。

何度かボールを打っているうちに、思いがけない方向にボールが返ってきたり、打った場所から遠く離れた地点にボールが跳ねていったりします。

それによって、今までとは違う角度から物事が見えてきたり、より広い範囲で考えたりできるわけです。

「そういえば、競合の会社がこんなことをやってましたよ」

「その件なら、こんなデータも出てますけど」

孫社長の言葉に対して、私たちがこんな言葉を返すうちに、自然とアイデアが広がったり、逆に多くのアイデアの中から最良のものを選択することが可能になります。

壁打ちをしながら、話したことをホワイトボードに書き出していったら、それだけで一つの事業プランやキャンペーンの企画がまとまってしまうこともありました。

一人の頭の中だけで考えず、他の人の知恵も借りれば、より短時間でより良い答えを導き出せるということです。

「**十秒以上考えるな！**」

これが孫社長の口ぐせでした。

十秒考えてわからないことは、それ以上一人で考えても答えは出ない。そんな時は人と議論をしたり、意見を聞いたりしなさい——私たちにそう教えたかったのでしょう。

皆さんも「友だちに話を聞いてもらったら、すっかり悩みが消えてしまった」という経験があるのではないでしょうか。

答えが出ない問題に突き当たったら、誰でもいいから話をして、孫社長のように壁打ちをしてみてください。

ブレインストーミングでは、自由な発言を歓迎する

「壁打ち」のエピソードだけを聞くと、いつも孫社長が自分の意見を一方的に話して、社員たちはあくまで聞き役だったような印象を持つかもしれませんが、そんなことはありません。

孫社長が開く会議は、ほとんどがブレインストーミングに近いものでした。

五人から一〇人程度で集まり、自由に意見を言い合いながら、全員が持つ知識や情報を活用してアイデアを生み出す発想法です。

この時、孫社長はメンバーの一人という立ち位置で参加します。上に立つ上司でも仕切り役でもなく、あくまで他の参加者と同じ立場です。

そして自分の意見を特別扱いせず、メンバーにどんどん意見を出すよう促しました。ブレインストーミングには「他人の発言を否定しない」「自由奔放な意見を歓迎する」「アイデアの質は問わず、数をたくさん出す」といったルールがありますが、それを孫社長は徹底させたのです。

もしルールを破って、誰かの意見を批判したり、何も思いつかないからと黙ったりしようものなら、孫社長にこっぴどく怒られました。逆に、どんな奇抜なアイデアや斬新な意見であっても、どんどん口にする人は評価されます。

ブレインストーミングをしたものの、まったく盛り上がらず、何のアイデアも出ずに終わったという経験がある人も多いでしょう。しかし孫社長が参加するブレインストーミングでは、そんなことは絶対にあり得ません。

孫社長がいかに他人の力をフルに引き出すことに長けているか、よくわかってもらえたのではないでしょうか。

むちゃくちゃな案でいいので、まずリーダーが案出しをする

「どう考えても無茶です！」

孫社長が言い出すアイデアは、たいてい部下たちがそう思うようなものばかりでした。

しかしトップがそう言ったからには、本当にそれが無理なのか、あるいは実現できる方法があるのか、部下たちは必死に考え始めます。

もともと日本人は分析するのは得意なので、さまざまなデータや事例を検証して、「孫社長がおっしゃったやり方は難しいですが、こんな方法なら可能です」といった、より良い案が必ず出てきます。最初の案がどんなに突拍子のないものでも、結果的には目標へ向かって進むことができるわけです。

この例からもわかる通り、組織のトップやリーダーが最初に何らかの案を出すことには、「物事を速く前へ進める」という大きな効果があります。

もしリーダーが口火を切らないと、どうなるでしょうか。

「何でもいいから、自由に意見を出して！」

リーダーにそう言われたものの、その場にいる人たちは顔を見合わせたり、下を向いたりするばかり……。会社でも、地域の集まりや趣味のサークルでも、そんな場面を経験したことがある人は多いのではないでしょうか。

なぜなら、**人は〝言い出しっぺ〟になるのが怖い**からです。

最初に何か意見を出して、その方向で議論が進んでしまったら、その案が失敗に終わった時に責任をとるのは言い出した自分になってしまう。それだけは避けたい。そんな心理が働くのでしょう。とくに日本人は、責任を恐れる気持ちが強いとされています。

これは脳科学的にも裏づけがあります。日本人は不安やストレスを感じやすい「セロトニントランスポーター遺伝子S型」を持つ割合が他国の人に比べて非常に高く、実に九八％の人がこの遺伝子を持っているというデータがあるほどです。

しかしそんなことを言っていては、いっこうに前に進めません。

自分一人の力では目標を達成できないから仲間を集めたのに、その人たちの知恵を引き出すための議論や会話ができないのでは意味がないでしょう。

この状況を打開する方法はただ一つ。リーダーが〝言い出しっぺ〟になることです。

チームで議論をする時、あなたがリーダーなら、まずは自分が何かしらの案や意見を出してください。その案は本当に実現性があるのか、その意見は正しいのか、といったことにはこだわらなくて構いません。むちゃくちゃな案でも、適当な意見でもいいのです。

大事なのは、何でもいいから口火を切ることです。

その場で一番の権限を持つトップが〝言い出しっぺ〟の責任をとってくれたのですから、他の人たちは気がラクになります。

「責任をとらなくていいんだ」と思った瞬間に、それぞれが自分の頭で考え出すのです。

そこからは自分の意見を口に出すことも恐れなくなります。

議論の方向性を示したのはあくまでトップで、自分はそれに対して〝壁〟として答える立場に過ぎないとわかったほうが、気軽に何でも言いやすくなるからです。

もしリーダーが「新商品の価格設定は五〇〇〇円でどう？」と言えば、そこを起点に議論は展開していきます。

あるメンバーは「今は材料の原価がこれだけ上がっているので、五〇〇円では難しいです」と意見を述べるかもしれないし、あるメンバーは「材料の調達先を変えれば原価はもっと下げられるから、五〇〇円でいけると思います」と意見を述べるかもしれません。

いずれにしても、すでに「五〇〇円」という方向性をリーダーが示しているのだから、どちらの意見が採用されたとしても、その人は根本的な責任を負わずに済むわけです。

もちろん「五〇〇円」という方向性がベストなものとは限りません。それどころか、まったくの的外れかもしれません。

でも、それでいいのです。

重要なのは、他の人が自由に意見を言いやすい状況を作ることなのですから。


チームで知恵を出し合う時、「とにかく考えろ」では何も出てきません。

ソフトバンクのように革新的でチャレンジングなイメージのある会社でさえ、失敗を恐れて社員たちが萎縮することはあり得るのです。

もしあなたがリーダー的な立場にあり、人の知恵を借りたいなら、まずはリーダーである自分が〝言い出しっぺ〟になることを心がけてください。

アイデアが良ければ、お金はついてくる時代

「起業したい」「自分のお店を開きたい」といった目標がある人にとって、最大の悩みは「お金がない」ということではないでしょうか。

この場合、多くの人は「まずはお金を貯めよう」と考えます。会社員として働くなり、バイトをするなりして、開業資金をコツコツ貯金しようというわけです。

しかし、そうしている間に世の中の状況が変わってしまい、起業して手がけようと思っていたビジネスが時代遅れのものになってしまうかもしれません。あるいは、ほかの人がそのアイデアを先に実現してしまうこともあるでしょう。

不確実性の高い時代だからこそ、目標があるならスピード実現を目指さなくてはいけません。お金が貯まるまでのんびり待っている余裕はないのです。

「でも現実問題として、お金がないと会社やお店は始められないでしょ⁉」

そんな声が聞こえてきそうですね。

実はそうでもないのです。

今は面白いアイデアや事業プランがあれば、お金は集まってくる時代だからです。

新しいビジネスを始めたい人たちを資金的に支援するものとして、代表的なのがベンチャーキャピタルです。

まだ上場前の企業にベンチャーキャピタルが資金を提供し、その会社を株式公開させて、最終的には資金を提供してくれた人たちに利益を還元するという仕組みです。

ただし以前は、その会社が確実に株式公開するとわかるまで出資しないというケースが大半でした。つまりビジネスを始めた段階ではなく、ある程度の実績を出して「この会社は将来性がある」と認めてもらえるまで、出資してもらえなかったわけです。

ところが今は、かなり早い段階で出資を決めるベンチャーキャピタルが増えています。

また、「エンジェル投資家」と呼ばれる人たちが、個人的に若手起業家へ投資するケースも目立つようになりました。

これだけ変化の速い時代に実績が出るまで待っていたら、将来有望なビジネスの芽を摘んでしまうかもしれない。その危機感を多くの日本人が持つようになったからでしょう。アメリカに比べて起業家支援が遅れていると言われていた日本でも、ようやく環境が整ってきたと言えます。

さらに、日本政策金融公庫の「新創業融資制度」のように、新たにビジネスを始める人に無担保・無保証人でお金を貸し出す制度も登場しています。

まだ実績がない人でも、資金を集めやすい時代になっているのです。

アルバイトをする暇があるなら、アイデアを磨け

これは不確実な時代だからこそのメリットと言えます。

誰も先を見通せないのだから、どんなビジネスが成功するのか、投資家や金融機関の人たちもわからないわけです。

よってアイデアや計画の段階で、どのビジネスに投資するか判断しなくてはなりません。裏を返せば、その事業プランがよく練られていて、将来性があると思ってもらえれば、お金を貸してくれる人はいくらでもいるということです。

ですから、「お金がない」という人がやるべきなのは、アルバイトではありません。「これをやりたい」という自分のアイデアを、より将来有望なプランへと磨き上げることにこそ、力を注ぐべきです。

仲間を集め、たくさんの人に会って知恵を借りて、「このビジネスにならお金を出したい」と思ってもらえるものを作り出すことが先決なのです。

「お金は天から降ってくる」

そう孫社長がつぶやくのを何度も耳にしたことがあります。

もちろんこれは「魅力的な事業プランがあれば、お金はついてくる」という意味です。

お金がないからアイデアを実現できないのではなく、アイデアがつまらないからお金が集まらないのだ——。厳しい言い方になるかもしれませんが、そう考えてみることが、「お金がない」という悩みから抜け出すきっかけになるはずです。

借金できるのは、自分に価値がある証拠

孫社長はこんなことも言っています。

「借金も企業価値なのだ」

普通なら「借金をするのは、マイナスを背負うことだ」と考えるでしょう。

しかし孫社長の考えは違いました。

「お金を貸してくれるということは、ソフトバンクという会社には大きな利益を出す能力があると信じてくれているということ。それだけの信用があるということは、会社にとって大きな価値なのだ」

借金できるということは、自分に価値があるという証であり、素晴らしいことなのだ。孫社長はそう言っているわけです。

そして自分の価値を証明するには、良いアイデアさえあればいい。昔ならコツコツお金を貯めなければできなかったことが、今は容易に実現できるのです。

お金だけではありません。

面白そうなアイデアには、優秀な人も集まってきます。

今はインターネットを使って広く情報発信ができますし、知らない人とも簡単につながることができます。良いアイデアがあれば、人脈やコネがなくても、一緒に目標を実現したいと手を挙げてくれる人が出てくるでしょう。

人が集まれば、その人たちが持つ情報やモノも集まります。新しいことを始めるために必要な資源がどんどん手に入るのです。

そういった意味で、今は目標を10倍速で実現したい人にとって大きなチャンスなのです。

CHAPTER.4

第4章

10倍速で目標を達成するための

「プロジェクトマネジメント術」

チームをまとめて
最速でゴールに到達する

第3章でもお話しした通り、ほとんどの目標は一人では実現できません。10倍速で実現したいのであれば、なおさらチームを組んで、メンバーと協力しながら物事を進めていく必要があります。

そこで重要になるのが、プロジェクトマネジメントのスキルです。

「プロジェクト」というと、システム開発や建設現場など特定の業界だけで使う言葉のように思うかもしれませんが、そんなことはありません。

さまざまな立場の人が集まってチームを組み、そこに「目的＝何のためにやるか」「納期＝いつまでにやるか」「コスト＝どれくらいの予算や人員をかけられるか」という三つの条件が設定されれば、それはどんなものでも「プロジェクト」になります。

そして、納期までに目的を達成できるように、限られた資源（予算や人員）をやりくりするのが「プロジェクトマネジメント」です。

ソフトバンクでは、ほとんどの仕事がプロジェクトで進められました。私も孫社長のもと、ナスダック・ジャパンの創設、あおぞら銀行の買収、「Ｙａｈｏｏ！ ＢＢ」事業の立ち上げなど数々の大型プロジェクトにマネジャーとして携わってきました。

この章では、その経験を通して私が身につけたプロジェクトマネジメント術を紹介します。

最初にできるかぎり細分化して、人に振れるものはすべて振ってしまう

「十月十二日にナスダック・ジャパンの設立総会をやるぞ。ベンチャー起業家を二〇〇〇人集めて、テレビカメラも入れて大々的に報道させろ！」

もしも突然、あなたが孫社長からこう言われたらどうしますか？

私の場合は仮定の話ではありません。あるとき本当に、こんな指示が飛んできたのです。

第3章で紹介した通り、これぞ〝発表経営〟です。

この時点では、本当に新しい証券市場を立ち上げることができるのかさえ不透明な状況でした。実現するかどうかわからないもののために会合を開き、しかもそれだけ大勢の人を集めるなんて、普通ならとても考えられません。

しかし相手は孫社長です。「できません」とは口がさけても言えません。かといって、

自分一人ではとても集めきれない規模の人数です。

この時、すでに十月。期日まで二週間弱しかありません。

こうなれば、とるべき手段は一つしかありません。

それは、仕事をできるだけ他の人に割り振ることです。


とはいえ他の人たちも、それぞれに担当業務を抱えて多忙な毎日を送っていました。孫社長のもとで会社を急成長させるべくフル稼働していた当時のソフトバンクの社員は、誰もが相当ハードに働いていたのです。

そんな中で予定にない仕事を頼んだら、嫌がられるのは当然です。できれば余計な仕事は引き受けたくないというのが普通でしょう。

私だって、そんな人たちに仕事を割り振るのは気が引けました。

それでも目標達成のためには、引き受けてもらうしかありません。

では、どうすればいいのか。

ポイントは「とにかく早く仕事を割り振ること」と「頼む仕事はできるだけ細分化すること」の二点です。

仕事を振られる側としては、納期直前になって頼まれるのが一番嫌なはずです。期限まであと十日あるのと、一日しかないのでは、どちらが大変かは言うまでもないでしょう。ところが実際は、ぎりぎりまで一人で仕事を抱えこみ、自分ではどうにもならなくなってから、ようやく人に頼むケースがよくあります。

頼まれたほうは「もう少し早く言ってくれれば何とかなったのに！」と思うでしょう。そして「忙しくて時間がないので、引き受けられません」と断られるのがオチです。

そこで「孫社長の案件なんだから、何が何でもやってくれよ」などと無理強いしたら、それこそ本当に嫌われます。「あの人の仕事は手伝いたくない」と思われて、二度と力を貸してもらえなくなるでしょう。

それを避けるには、最初から自分で全部やろうなどと意地を張らず、できるだけ早く他の人に割り振ってしまうのが一番なのです。

仕事は相手が無理なくやれるサイズまで小さくする

加えて重要なのが、「割り振る仕事は、相手が無理なくやれるくらいに小さくすること」です。

同じプロジェクトのメンバーでも、経験やスキル、手が空く時間は、それぞれ違います。

その人ができる以上の大きな仕事を与えても、「こんなに大変な仕事を押し付けるなんて」とモチベーションを下げるだけです。結局は納期に遅れてしまったり、間に合ったとしてもクオリティの低いものが上がってくることになります。

でも、細分化された小さな仕事なら、「三木さんも困っているみたいだし、やってあげようか」と思ってくれます。仕事自体もその人の能力や経験の範囲内なので、納期も確実に守ってくれるでしょう。

人に仕事を割り振ってしまえば、自分がやるべきことは進捗《しんちょく》管理だけです。

「Aさん、どこまで進んでますか？」「Bさん、何か困っていることはありませんか？」

そうやって進行のスピードをチェックして、予定通りに進んでいないものがあれば、アドバイスをするなり、さらに他の人に割り振るなどすればいいわけです。

納期までに目的を達成できるよう、限られた資源（予算や人員）をやりくりするのが「プロジェクトマネジメント」ですから、進捗管理はまさにマネジメントの要と言えます。

できれば仕事を細分化する作業も、メンバーと一緒にやることをおすすめします。そのほうが一人でやるより、断然速いからです。

私がプロジェクトマネジャーを務める時は、なるべく早い段階でメンバー全員を集めてタスク出しをします。

「一ヶ月後にこの目標を達成するには何をやらなくてはいけないか、みんなで考えよう」と言って、出てきたタスクをポストイットにどんどん書いていくのです。

それをホワイトボードに貼り出して、重複するタスクはカットしたり、抜けているタスクを追加したりします。

そうすると、やるべきことをもれなく把握できるのです。

プロジェクトチームにはさまざまな立場や専門分野の人が集まっています。マネジャーが一人で考えていたら見逃してしまうかもしれないタスクも、メンバー全員でさまざまな角度や視点から見れば、必ず誰かが抜けに気づきます。

よって、プロジェクトの進行に穴がなくなり、最速でゴールに到達できるのです。

膨大な作業も、全員に割り振ればやり遂げられる

さて、「二〇〇〇人の起業家を集めろ」と言われた私がどうしたかというと、最初にやったのは全国の起業家の名前と連絡先が掲載されたリストを入手することでした。

普通ならここで「当日来てくれる可能性が高い人をリサーチして、優先順位の高いところから連絡して……」といった段取りを踏むでしょう。

しかし、私にそんな時間はありません。

そこで、リストに載っていた連絡先を上から順に少数ずつ区切り、メンバー全員に割り振りました。そして「渡された連絡先に、片っ端からファックスを送ってください！」と頼んだのです。

リスト通りにファックスを送るだけなら、新入社員でもアルバイトでもできます。あと

は私が、作業が滞っている人はいないかをチェックして、進捗管理をするだけです。

やったことは単純作業の積み重ねでしたが、なんと当日には目標を超える二三〇〇人の起業家が集まってくれました。

正直言って、当日までは胃の痛い毎日でしたが、会場を大勢の人が埋め尽くす様子を見て、私も心底ホッとしました。

これも孫社長の指示を受けてすぐに他のメンバーに割り振ると決めて、誰もが負担なく実行できるくらいの小さな作業に細分化したからです。

一人で頭を悩ませるより、とにかくみんなで分担して動く。そのことの大切さを実感した瞬間でした。

人に何かを頼む時は、「動詞形」ではなく「名詞形」で

人に仕事を割り振る時に、もう一つ注意すべきポイントがあります。

それは「動詞形」ではなく、「名詞形」でお願いすることです。

例えばあなたが、他のメンバーに「他社の顧客満足度を調べてほしい」と考えたとします。ここでそのまま、「来週金曜日までに、他社の顧客満足度を調べてください」と伝えたとしましょう。

ここに大きな落とし穴があります。

一週間後の金曜日になっても、報告が上がってこないので、あなたはメンバーにどうなっているかを確認します。するとこんな答えが返ってくるかもしれないのです。

「はい、調べました。でも、報告書はまだできていません」

もちろんあなたは、「調べる＝その結果を成果物として提出する」という意味で言った

のですが、相手はそう受け取らなかったようです。

「明日までに新商品キャンペーンの企画を考えておいて」といった言い方も同様です。

翌日になったら、「頭の中にアイデアはあるんですが、紙にまとめる時間はありませんでした」と言われかねません。

このように、「調べてください」「考えてください」などの「動詞形」を使った依頼は、実は極めてあいまいに伝わってしまうのです。

ですから依頼をする時は、「名詞形」を使うよう心がけましょう。

「来週金曜日までに『他社の顧客満足度調査報告書』をお願いします」

「明日までに『新商品キャンペーンに関する企画書』をお願いします」

このように、**出すべきアウトプットを名詞で明確に伝えることが大事**です。

そうすれば、依頼されたほうも逃げ道はありません。「頭の中にはあるんですけど」といった言い訳もできなくなります。

人に頼む要素は「三つ以内」にしぼる

もう一つ、人に仕事を頼む時のコツがあります。

それは「三点セットでお願いする」ということです。

基本的に人間の脳は一度にたくさんのことを把握できません。「マジックナンバー7」（九二ページ参照）をご紹介したように、机の上に硬貨をばらまいた時、一瞬で数を認識できるのは七枚程度です。しかもこれには個人差があって、実際には五枚から九枚とばらつきがあるそうです。人によっては「五つでも多すぎる」と感じるかもしれないのです。

ですから人に何かを頼む時も、一度にたくさんのことをお願いすると、相手は理解しきれません。わかったつもりでいても、大事な部分が抜けていたり、勘違いしてしまう可能性が高いのです。

よって、依頼する時は最低限の要素にしぼりましょう。

できれば三つ以内に収めるのがベストです。

「毎月の報告書を作る時は、『新規顧客の獲得数』と『既存顧客数の推移』と『顧客の獲得に使った予算』を入れてください」

こんなふうに三点セットで依頼すれば、相手も理解しやすいし、「これだけは絶対にははずしてはいけないポイントなのだな」と理解できます。それ以上のことを一度に伝えると、「これとこれは時間がなくて調べられませんでした」といった言い訳ができてしまいますが、たった三つなら相手も「できません」とは言いにくいはずです。これも頼んだ仕事を確実かつスピーディーに実行してもらうためのコツとして覚えておきましょう。

毎週一回、関係者が集まった「定例会議（ミーティング）」をやる

チームで物事を進めていく時は、その過程で必ず会議やミーティングが開かれます。

これをどう回していくかで、プロジェクト全体のスピードが違ってきます。

ここで大事なのは、毎週一回、メンバー全員を集めた「定例会議（ミーティング）」を開くことです。

「問題が発生したから集まろう」「この作業を担当する人だけ集まって」というように不定期や一部の人だけで開くのではなく、「毎週月曜日は会議を開く」などと決めて、その日は必ずメンバー全員が集まるようにします。

なぜなら、会議はメンバー同士のコミュニケーションの場だからです。

全員が常に最新の情報を共有できれば、チーム全体の仕事もスムーズに進めることができます。そのためには、毎週会議を開いて、それぞれが担当するタスクの進捗状況を報告

し合うのが一番簡単で効率的なのです。

ところが実際にプロジェクトをやっていると、こんなことがよく起こります。

Ａさんに「あの件、お客様に確認してくれました？」と聞くと、「Ｂさんが『ちょうど別件でお客様のところへ行くから、自分が確認してくる』と言ってましたよ」とのこと。

そこでＢさんに聞くと「Ｃさんに伝えましたよ。実際にあの件の分析をするのはＡさんじゃなくてＣさんだと聞いたので」と言われます。

さらにＣさんに聞くと「どうだったかなあ？　あまり重要なことだと思わなかったので、渡されたメモをまだ見ていないのかも」と言われてしまう……。

全員が全員、少しずつ違うことを言っているので、何がどうなっているのかわからなくなってしまう。皆さんも似たような経験をしたことがあるのではないでしょうか。

その根本的な原因をひと言で説明するなら、「メンバーの人数が多いから」です。

メンバーの数が増えるほど、コミュニケーションは難しくなるのです。

「週一の定例会議」で最新情報を共有するのが一番効率的

このことは、理論的にも説明がつきます。

例えば、プロジェクトのメンバーが二人だけだったとしましょう。

この時、この二人をつなぐネットワークの線は一本だけです。この線を通じて、電話やメール、対面での会話など、さまざまな手段でコミュニケーションが行われます。

これが三人に増えると、線の数は三本です。

ところが四人に増えると、線の数は六本になります。五人に増えると一〇本、六人に増えると一五本と、どんどん増えていきます（左図参照）。

一〇人だったら四五本、一五人だったら、なんと一〇五本です。

実はこのネットワーク、「n（n－1）÷2」で増えていくのです。

これだけ多くの線が縦横無尽に走っている状態では、「この人は聞いているけれど、この人は聞いていない」「この人が聞いた内容と、この人が聞いた内容が違う」といった混

コミュニケーション・ネットワークの数は、
「n(n－1)÷2」で増えていく(※nはメンバーの数)

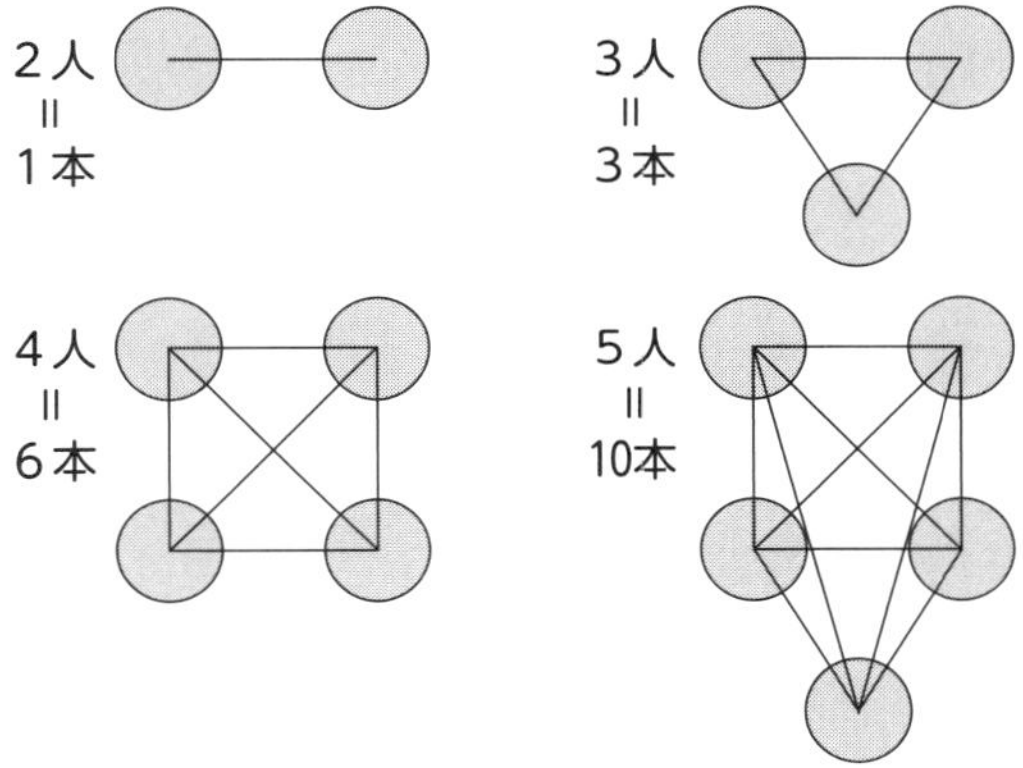

乱が起こるのは当然です。

プロジェクトが失敗に終わる場合、最大の原因はこのコミュニケーション・ネットワークが管理できないことにあると言っていいでしょう。

でも、対処法はあります。

それが「週に一回、定例会議を開くこと」なのです。

メンバー同士がそれぞれのネットワークで情報をやりとりするから混乱する。だったらメンバー全員が一堂に会して、最新の情報をその場でみんなが共有すればいいわけです。

いわば一斉にデータのアップデートをするイメージです。

プロジェクトマネジャーとしても、一本一本の線を管理するより、はるかにラクです。

ただし、最新の情報を共有するには、月一回や二週間に一回では間隔が空きすぎます。やはり週一回は全員で集まって、それぞれが担当するタスクの進捗状況を報告しあうようにしてください。

「アウトプットベース議事録」で、会議後の効率が一気に上がる

毎週一回、定例会議を開く理由はもう一つあります。それは第２章で説明した通り、人は「週間化」すればスケジュールを管理しやすいということです。

一週間以上経過した記憶はよみがえりにくいことを紹介しましたが、これは勉強だけでなく、仕事をする上でもデメリットになります。

「これをやっておいて」と指示されても、時間が経ってしまうと、「あとでやろうと思っていたけれど、いつの間にか忘れてしまった」ということになりがちだからです。

先ほど、毎週の会議で最新の情報を共有することが大事だとお話ししました。

でも本当に重要なのは、その先です。

会議で最新のタスクを確認したら、それを確実に実行しなくては意味がありません。

一週間後にまた全員で集まったのに、何一つ物事が進んでいなかったら、会議の時間そ

のものが無駄になってしまいます。

そこでぜひ実行してほしいのが、「アウトプットベース議事録」を作ることです。**会議の最後に必ず「誰が、いつまでに、どんなアウトプットを出すか」を決め、議事録の形にしてメンバー全員で共有します。**

先ほど「人に何かを頼む時は、動詞形ではなく名詞形で」と話しましたが、議事録を作る時も同じです。

「Aさんが、三月十日までに、新商品の営業方針について代理店に意見を聞く」

こう文章で書くと、次の会議で「ヒアリングはしましたが、報告書はまだです」と言われてしまうかもしれません。

ここは「担当者」「期限」「アウトプット」を書き込める簡単なタスク表を作って、すべてを名詞で書き入れるのが確実です。

「担当者↓Aさん」
「期限↓三月十日」
「アウトプット↓主要代理店一〇社のヒアリングレポート」

こうしてすべて〝体言どめ（名詞形）〟で書けば、Aさんは必ず次の会議までにレポートを出さざるを得なくなります。「やるべきことは一週間のうちにけりをつける」という「週間化」のルールを、より確実に実行できるのです。

なお、この議事録は会議が終わってすぐに作ることが重要です。時間が経ってから議事録を渡されても、「こんなこと話したかな？」「今頃タスクを確認されても、期限までもう一日しかないじゃない！」といった混乱が起こるだけです。ですから、議事録は会議終了後、〝速攻〟で出すのがルールです。

議事録をその場で作ってしまう裏技

議事録作成というと時間がかかって大変と思うかもしれませんが、素早く作成するコツがいろいろとあります。

今はホワイトボードに書いた内容をそのままプリントアウトできる機械もあります。それを議事録として配ってもいいでしょう。

孫社長はホワイトボードを徹底活用する人で、会議の時も必須のアイテムでした。

メンバーから出た意見やアイデアを孫社長自らどんどんホワイトボードに書き出し、議論の内容を図にまとめながら検討を深めていくのが、いつものスタイルだったのです。

よって、その内容をプリントアウトして共有することは、孫社長の頭の中を共有することにもなり、社員にとっては非常に便利でした。

あるいは、最初にＡ４一枚のシンプルなフォーマットを作ってしまう手もあります。

そこに「会議のテーマ」「目的」「日時」「出席者」をあらかじめ書き込んでおき、「担当者」「期限」「アウトプット」を書き込む表を作ります。

あとは会議中にプロジェクターでこのフォーマットを映しておいて、各項目が決定次第、ワードで打ち込んでいけばいいのです。これなら万が一お互いに認識のズレがあったような場合にも、誰かが指摘してくれるはずです。

議事録はスピードも大事ですが、簡潔に要点をまとめてあることも重要です。だらだらと長文を並べても、渡された人は見ただけでうんざりするし、読む時間もないからです。

議事録を作る時は、「速攻」かつ「シンプル」を心がけましょう。

会議の意思決定をスピードアップするには、「誰を呼ぶか」が重要

「アウトプットベース議事録」を作るメリットは、他にもあります。

それは「アウトプットを出すには、会議に誰を呼ぶかが重要である」という視点が自然と身につくことです。

会議で意思決定をし、事を前に進めていくためには、「情報」と「権限」が必要です。

この二つを持たない人ばかりが集まっても、何も決まりません。

いくら会議をしても、「私では決められないので、持ち帰って検討します」というばかりで何も決まらず、アウトプットも出ない。そんな会議を経験したことがある人は多いのではないでしょうか。

定例会議はプロジェクトのメンバー全員で集まるのがルールですが、扱うテーマによっては、専門知識を持った人に加わってもらったり、プロジェクトマネジャーよりも大きな

権限を持った人に参加してもらう必要が出てきます。

それを事前に考えて、「アウトプットを出すために必要な権限や情報を持った人」を呼ぶことができれば、会議の生産性も効率も格段にアップします。

そのためには、**「そもそも、この会議で何を決めるのか」というテーマ設定を明確にすることが必要**です。

「新商品の企画立案」が会議の目的だったとしても、まったくのゼロから新しいものを生み出すのと、既存の商品を改良するのとでは、出すべきアウトプットが違います。そのために必要な情報も変わってくるでしょう。

ゼロから新商品を作るなら、新しい素材は何にするか決めなくてはいけないのに、その分析データを持っている研究者が呼ばれていない。既存品の改良版なら、過去のユーザー調査の結果を参考にして方向性を決めたいのに、その調査報告書をまとめた担当者が出席していない。これでは情報が揃わないので議論は進まず、会議の時間が無駄になります。

でも、アウトプットベースで物事を考える習慣がついていれば、そんな事態を避けることができます。会議の目的を明確にし、そこから逆算して必要な情報や権限を考え、それを持つ出席者を招集できるようになるはずです。

ちなみに、こうした会議のセッティングの仕方や、「アウトプットベース議事録」は、権限のない若手や新人でもやろうと思えばできることです。

会議で議事録を作るのは、たいてい一番下の人間です。会社であれば、新人や若手が任されるでしょう。その人は同時に、会議のセッティングも担当することが多いはずです。

たとえ上司から渡されたテーマが「新商品の企画立案について」だけだったとしても、自分から「どんな新商品なのか」「新商品の何について決めるのか」などを質問することはできるでしょう。

そこで「今回の会議で出すべきアウトプットは『新商品に関するマーケティング手法の決定』だな」とわかれば、「マーケティング部の部長にも同席してもらったほうがいいのでは？」といったことを上司に確認できるはずです。

このように物事をアウトプットベースで考える習慣が身につくと、プロジェクトマネジメントのスキルもアップして、より速いスピードで自分を成長させることができます。ですから、**会議のセッティングや議事録の作成は、若い人ほど進んで引き受けるべき**です。

「フォーマット化」で情報をオープンにし、全員の知恵と知識を使い尽くす

プロジェクトは、さまざまな立場の人が集まってチームを組みます。

ビジネスの世界であれば、同じ会社の中でも複数の部門からメンバーを集めますし、他の会社や業界の人も一緒に仕事をすることになります。扱うテーマに関する専門家や研究者に加わってもらうこともあるでしょう。

ここで注意すべきなのは、その人が所属する会社や業界によって、仕事のルールや常識が違うということです。資料の作り方や報告の仕方も、普段その人が所属している組織によって、まったく違ってきます。同じ一つの言葉でも人によって意味が違っていたり、同じ数字でも計算方法が違ったりすることは珍しくありません。

よって売上報告書一つとっても、作る人によって書式も盛り込むデータもバラバラといったことが起こりがちなのです。

「売上げの合計だけで、代理店別の数字が入っていないじゃないか」

「この表だと数字の推移がわかりにくいんだけど……」

別の組織の人に報告書の作成を頼んだら、こんなふうに本当に知りたい数字や事実があちこち抜けているものがあがってくるかもしれないのです。

また、作る人によって書式が異なると、メンバーは会議のたびに見慣れない形式を目にすることになり、「本当に重要な数字がどこにあるかわかりにくい」といったことにもなります。その結果、議論が進まなかったり、必要なことを決められなかったりすれば、プロジェクトの進行はどんどん遅れてしまいます。


そこで、**チーム内で徹底すべきなのが「フォーマット化」**です。

議事録を作る時はフォーマットを使うとよいと話しましたが、これは他の資料や報告書を作る場合も同じです。

フォーマット化とは、共通の形式を決めるということです。あとは空欄を埋めていくだけで、誰がその書類を作っても必要な情報がもれなく記載されます。

先ほどの売上報告書であれば、「全体の売上げ」「月次の売上げの推移」「代理店別の売上げ」といった、必ず入れてほしい情報を書き込める項目欄を作っておけばいいのです。フォーマット化すれば、毎回同じ書式で数字やデータを見ることができるので、メンバー全員が内容を理解しやすくなります。どんな会社や業界にいる人でも、取締役でも新人でも、プロジェクトに関わる全員が同じ情報を共有できるのです。

それはつまり、すべての情報がオープンになるということでもあります。

すると「営業担当者は気づいていなかった問題点に、システム担当者が気づく」といったことが起こります。

「この数字は現場の状況とあまりにかけ離れています。もしかしたら、前提となる条件や定義が間違っているんじゃないですか」といったことも誰かが指摘するはずです。全員が同じ数字や事実を見て議論や判断をすれば、必ず誰かがおかしな点に気づきます。

問題点に気づけば、すぐに軌道修正ができます。「高速PDCA」をどんどん回していけるのです。

いわばフォーマット化は、全員が持つ知恵と知識を使い尽くす手段なのです。

チーム全体の力を高めて、より速くゴールへ到達するためにも、ぜひ実践したいテクニックと言えるでしょう。

参加メンバーを幸せにするのが、プロジェクトマネジャーの究極の役割

第４章ではさまざまなプロジェクトマネジメント術について話してきましたが、最後に改めて確認しておきたいことがあります。

それは「プロジェクトマネジャーの究極の役割は何か？」ということです。

最初に言った通り、納期までに目的を達成できるよう、限られた資源（予算や人員）をやりくりするのがプロジェクトマネジャーの仕事です。

では、そもそもなぜその仕事をする人が必要なのでしょうか。

私は「プロジェクトの参加メンバーを幸せにするため」だと思っています。

プロジェクトは順調に進むとは限りません。

というより、何も問題が起こらないプロジェクトはないと言ったほうが正しいでしょ

う。

よくあるのは、プロジェクトがかなり進行した時点で、発注者であるオーナーやクライアントの〝鶴のひと声〟が入り、すべてがひっくり返されてしまうことです。

社内プロジェクトであれば、その会社の経営者や役員がオーナーのことが大半でしょう。私がソフトバンク時代に担当したプロジェクトなら、オーナーは孫社長になります。

複数の会社や組織が集まり、それぞれが出資して一つのプロジェクトを行う時は、それぞれの経営者がオーナーとなります。三つの会社でプロジェクトをやる場合は、オーナーも三人ということです。

いずれにしても、**鶴のひと声が入ると、メンバーたちは地獄**です。

仕事を一からやり直さなくてはいけないのに、納期は変わらないのですから、連日深夜遅くまで作業をこなさなくては間に合わないという事態に陥ります。

これがプロジェクトの現場でよく聞かれる「デスマーチ」の状態です。

また、作業を進めるプロセスやゴールイメージがはっきりしていないために、メンバーの一部の人たちがデスマーチに追い込まれることもあります。

例えば、あるＷＥＢサービスを立ち上げるプロジェクトがあったとします。最終的な成果物であるＷＥＢサイトを作るのは、システム部門のメンバーです。しかし、すぐには作業に着手できません。その前に、企画部がお客様に入力してもらう必要事項を決めて、コンプライアンス部や法務部に問題がないか確認してもらい、営業部の意見をとりまとめるといったプロセスが必要になるからです。

ところが、この前段階のプロセスで予想以上に時間がかかってしまうことがあります。すると、最後のプロセスを担当するシステム部門のメンバーに残された時間は、日に日に少なくなります。

さらに当初のすり合わせがしっかりできていなかったりすると、やり直しも多く発生します。そのしわ寄せもシステム部門のメンバーにいくことになるのです。

こんな毎日が続いたら、メンバーたちは消耗してしまいます。とてもアンハッピーな状態でプロジェクトを進めることになるでしょう。

そんなプロジェクトに、果たして意味があるのでしょうか。

どんなに素晴らしい目標を掲げても、そこに参加するメンバーが不幸だったら本末転倒ではないでしょうか。

だからこそ、そんな事態に陥らないために、プロジェクトマネジャーが必要なのです。

メンバーがハッピーなら、自分もハッピーになれる

プロジェクトマネジャーがオーナーと密にコミュニケーションをとり、現場で起こっていることや進捗状況を適切に伝えていれば、突然の〝鶴のひと声〟を防ぐことができます。

ある時点ですべてが覆るというのは、オーナーがそれ以前の状況を把握していないことが原因です。だから「私はそんなことは聞いていないぞ。最初からやり直しだ！」といったことになるのです。**〝鶴のひと声〟を出させないようにするのもプロジェクトマネジャーの重要な仕事の一つ**、と肝に銘じておきましょう。

また、どのメンバーにも過度な負担がかからないようにプロセスを管理するのも、プロジェクトマネジャーがきちんと仕事をしていれば可能です。

誰もが無理なくこなせるよう仕事を細分化し、早めにメンバーに割り振る。定例会議で進捗状況を毎週確認し、遅れているタスクがあれば改善策を指示する。フォーマット化や

アウトプットベース議事録で、メンバー間の情報共有をきちんとはかる。

この章で紹介したテクニックを使いながらマネジメントをすれば、現場がデスマーチに陥ることはないはずです。メンバーたちも、前向きな気持ちでプロジェクトに取り組んでくれるでしょう。

メンバーをハッピーにできるプロジェクトマネジャーは、結果的に自分もハッピーになれます。

「あの人はいつもメンバーのことを考えて、できる範囲の仕事を早めに持ってきてくれるから、すごく仕事がやりやすいな」

「前のプロジェクトは納期ギリギリに仕事を押し付けられて大変だったけど、今回は参加して本当に良かった」

そう思ってもらえたら、メンバーも進んでプロジェクトマネジャーに協力してくれるようになります。人の力を借りながら、プロジェクトのゴールへ最速で進んでいくことができるでしょう。

それに「**またこの人と一緒に仕事がしたい**」**と思ってもらえれば、次のプロジェクトでも力を貸してもらえます。その人の都合が悪くても、「いい人がいるから紹介しますよ」**

と申し出てくれることもあるはずです。

そうなれば、どんなプロジェクトもスムーズに回していけます。目標を達成するスピードが、また一段とアップするのです。

繰り返しますが、一人の力で目標を実現することはできません。

「自分さえよければ」ではなく、目標を一緒に実現する仲間の幸せも大事にすること。

10倍速で目標を達成するためには、それが何より重要な秘訣かもしれません。

CHAPTER.5

第5章

10倍速で目標を達成するための
「問題解決術」

壁にぶつかった時
どうするか？

良い戦略を立て、目標を明確にし、仲間を集め、しっかり進捗管理をする。10倍速で目標を実現するための方法を、ここまで紹介してきました。

ただし、どんなに万全に準備をし、環境を整えてから実行に移ったとしても、途中で壁にぶつかることはあります。

不確実性の時代には、予想外の問題が発生することはいくらでもあるのです。

しかし壁を乗り越えなければ、ゴールには辿り着けません。そこで必要になるのが「問題解決力」です。

孫社長も数々の壁にぶつかりながら、それを乗り越えてきたからこそ今があります。そして私も、これまで数々の難題を解決してきました。

ソフトバンク時代に直面した問題については、すでにいくつか紹介しました。そして独立後も、社外取締役の立場から企業が抱える問題を何度も解決してきた経験があります。問題解決にはセオリーがあります。これを知ればたいていの問題は片付けられるのです。

最後となるこの章では、それを紹介しましょう。

考える前に数えろ、議論する前に数えろ——問題解決策は絶対に「数値化して考える」

「十秒以上考えるな！」

これが孫社長の口ぐせだというのは、第3章で解説した通りです。

「**十秒考えてわからないことは、それ以上一人で考えても答えは出ない**」ということを、孫社長はよく知っているのでしょう。

自分の頭の中だけで考えても、結局は同じところをグルグル回ることになります。それは考えるというより、単に悩んでいるだけではないでしょうか。

だったら、すぐにでも別の行動に移ったほうがいいはずです。

その一つとして、「人と話をして知恵を借りる」という方法をすでに紹介しましたが、他にも解決策はあります。

それが「問題を数値化してみる」という方法です。

第2章で「目標を数値化しましょう」と述べたのを覚えているでしょうか。目標を数字に置き換えることで、やるべきことが具体的になるからです。

実は問題解決においても、数値化は同じ効果を発揮します。

問題を数字に置き換えれば、現状を正しく把握し、どこに問題の根本的な要因があるのかを明確にすることができるのです。


これは私が社外取締役を務めている会社で、実際にあった事例です。

その会社は新規事業を立ち上げて、あるサービスの提供を始めたのですが、なかなか売上げが伸びないという問題に直面していました。営業担当者が朝から晩まで電話をかけまくり、アポイントをとって頑張るのですが、数字はいっこうに上向きません。

そこで上司は「もっと電話をかける件数を増やせ」「もっと気合いを入れてアポをとれ」といった指示を出しましたが、結果はまったく変わりません。

つまり、問題解決の方法としては間違っているということです。

「声が大きい人の的外れな提案や意見」が通らないようにするために

そこで私は、問題を数値化するようアドバイスしました。

具体的には、新規で受注した顧客数だけでなく、初回以降も受注を継続した顧客数を調べて、継続率を割り出すよう指示しました。

すると全般的に継続率が低いことがわかったのです。一度はサービスを導入したものの、「効果がないから」という理由で、二ヶ月後には解約してしまうケースが相次いでいました。

つまり、これこそが売上げ不振の原因だったのです。

これでは、いくら営業が新規開拓を頑張っても、穴の開いたバケツに水を注ぐようなもの。全体の数字が伸びないのは当然です。

さらに、顧客の「業種別の継続率」も調べました。すると、業種によって継続率に差があることがわかったのです。

とくに目立ったのが、美容院と飲食店でした。美容院は長く継続してくれる割合が高く、逆に飲食店は初回の契約で打ち切られてしまう割合が高かったのです。

この数字を見れば、もう問題解決の方法はおわかりですね。

飲食店への営業はやめて、美容院への営業に集中すればいいのです。

それまで営業担当者たちは、顧客の業界や業種に関係なく、手当たり次第に売り込みをかけていました。しかし、美容院に集中して営業をかけたところ、新規で受注した顧客の大半がそのままサービスを継続したため、累計の受注件数はどんどん積み上がっていきました。それに伴い、売上げも順調に伸びていったのです。

このように、最初は手のつけようのない問題に思えても、数値化すればいいとも簡単に解決の道筋を見出すことができます。

「売上げが伸びない」という問題設定のまま考えても、思いつく解決策は「もっと気合いを入れて頑張る」といった的外れなものになってしまいます。

しかも恐ろしいことに、その的外れな提案が通ってしまうこともよくあります。

立場が上の人や、声が大きい人の意見が通りやすいのは、どこの組織も同じでしょう。

そういったことを防ぐためにも、誰が見ても納得できる根拠をもとに分析し、客観的に見て最も有効な解決策を見つける必要があります。

その根拠として最適なのが数字です。数字は誰にとっても絶対的な事実だからです。

孫社長も、すべてを数字で整理することに強くこだわっていました。社員たちからの報告も、数字で説明することを徹底させています。

だから私も、あらゆる問題を数値化する習慣が身についたのです。

数値化するために、まず問題を「グループ分け」する

孫社長や私の例を引き合いに出すまでもなく、数値化することの重要性は広く知られていると思います。それこそ会議のたびに、細かい数字が並んだ資料や報告書にうんざりさせられている、というビジネスパーソンは多いはずです。

ところが、とりあえず数字は並べてみたものの、それが問題解決につながらないことも多々あります。せっかく資料を作ったのに、会議で何も結論が出ず、無駄になってしまった経験がある人もいるでしょう。

それはなぜかというと、数値化する前に「分ける」という作業をしていないからです。これは非常に大事な点なのですが、意識している人は少ないようです。

先ほどの事例でも、有効な解決策を見出せたのは、「業種ごとに分けて継続率を出したから」です。もし全体の継続率しか出していなかったら、「美容院の営業に特化する」と

いう解決法は永遠に見つからなかったでしょう。

私はどんなプロジェクトで問題解決を求められたときも、「まずはグループ分けしましょう」と提案します。

ところが、「どうやってグループ分けするんですか？」と聞き返されることがよくあります。つまり、「分ける基準がわからない」というわけです。

実は、「どう分けるのが正しいか」というセオリーやルールはありません。問題の性質や発生している状況によって、適切な分け方は変わってくるからです。

「基準がわからないと、分けたくても分けられないじゃないか！」

そう思いますよね。でも、そんなことはありません。

なぜなら、基準は自分たちで決めてしまえばいいからです。

基準を決めるために、私はよく「**山崩し**」**という手法**を使います。

例えば、「コールセンターへのクレームが多い」という問題があったとしましょう。だったら、まずはクレームの記録をすべてプリントアウトしてもらいます。

あまりに数が多すぎて全部は難しいなら、無作為に抽出して構いません。それでも一〇〇〇枚単位、あるいは最低でも一〇〇枚単位でプリントアウトしてください。

あとはメンバー全員で集まり、紙の山を分けて一人につき数十枚から数百枚渡し、「どんな基準でもいいから、とりあえず七つに分類してみてください」とお願いします。

つまり、山を小さく崩していくわけです。

七つにする理由は、何度か話した通り、一人の人間が管理できる最大の数だからです。

分けた山の大きさで優先順位がわかる

こうして最初はわけもわからず、ひたすら紙を読みながら適当に分けていくことになります。

でも不思議なもので、数十枚、数百枚と読んでいるうちに、「これとこれはグループ分けできるな」という自分なりの基準がなんとなく見えてくるのです。

そして全員が分け終わったら、それぞれどんな基準で分けたのかを報告し合います。

すると「Aさんが分けたこの山と、Bさんが分けたこの山は、同じ分類になるね」というものが出てくるので、それをどんどん一つの山にまとめていきます。

その結果、何がわかるかというと、「どんなクレームが、どのくらいの割合を占めているのか」という傾向です。

一人につき七つに分けたとしても、最終的に山をまとめていくと、たいていの場合は二つか三つの大きな山ができます。一〇〇〇枚を山崩しした場合なら、そのうち七〇〇枚や八〇〇枚はわずか二つのクレームが占めていた、といったことも少なくありません。

それがわかれば、「クレームが多いものから優先して、対応マニュアルの見直しをしましょう」といった問題解決策が自然と導き出されます。その山をさらに崩してみれば、より細かく優先順位をつけることも可能です。

このように、分ける基準がわからなくても、とりあえず分ける作業をしてみれば、基準は自然と見えてきます。

迷っている時間があったら、とにかく手を動かして分けてみる。それが問題をスピード解決に導く秘訣なのです。

ジャンル分けをしないと、数字を丸ごと見落としてしまう

「分ける」という手順を踏まないと、本当に重要な数字が測定できない可能性も出てきます。

今は変化の激しい時代なので、これまでになかったジャンルが急成長を遂げることも珍しくありません。ところが、ジャンルを分けずに数値化していたら、その分野の数字を丸ごと見落としてしまうことになります。

例えば少し前まで、インターネット広告はパソコンで閲覧するものでした。

ところがスマートフォンが登場し、ユーザー数が増えると、当然ながらスマートフォンからの閲覧数が増えます。

よって「パソコンからの閲覧数」と「スマートフォンからの閲覧数」を分けて数字を出せば、「後者の数字が急激に伸びているので、今後はスマートフォン向けの広告に注力します」という結論が出せます。

ところがスマートフォンが普及し始めてからも、この二つの数字を分けない会社は多か

ったと推測されます。スマートフォンという新しいグループを作り、他のグループと分けるという発想がなかったからです。

その結果、スマートフォン向けのサービス開発で遅れをとるＩＴ企業が続出しました。分けることの重要性を知らないと、致命的なミスにつながりかねないことがおわかりでしょう。

「プロセスごと」に分ければ、問題のありかが見えてくる

分ける基準となるのは、「業界・業種ごと」「部門ごと」「地域ごと」といったジャンルだけではありません。

作業を進めるための「プロセスごと」に分けて数値化することで、問題解決につながることもあります。

ADSL事業「Yahoo! BB」を立ち上げた当初、「申し込みをしたのに、開通できない」というクレームが殺到したことがあります。

ところが当初、その原因がわかりませんでした。コールセンターの対応が悪いのか、ADSLのシステムそのものに何か不具合があるのか、誰も見当がつかなかったのです。

そこで私は、申し込みから開通までのプロセスごとに分けて、業務が止まってしまうN

G件数がどこで多く発生しているのかを調べることにしました。

開通までには「サービスを申し込む」「NTTに回線使用を申請する」「NTT局舎内の工事をする」「顧客宅内の工事をする」などのプロセスがあります。それぞれのNG件数を出してみると、発生頻度がとくに高いところがありました。

それは「NTTに回線使用を申請する」というプロセスです。

原因を調べてみると、顧客の回線名義がかなりの割合で間違っているとわかりました。

電話の回線名義は二十歳以上でなければいけないため、学生時代に一人暮らしを始める時に親の名義で申請するケースが多く、社会人になってもそのままの名義になっていることが少なくありません。

ところが本人はそのことを忘れていて、「Yahoo! BB」の申し込みをする時に、回線名義の欄に自分の名前を書いてしまいます。するとNTTから「回線名義が間違っています」と言われ、NGとして突き返されてしまうのです。

これが「申し込みをしたのに、開通できない」というクレームの大きな原因でした。

原因がわかれば、具体的な解決法も見出せます。

まずは顧客に申し込み書類を書いてもらう時に、販売担当者が正しい回線名義人を確認するのを忘れないよう、チェックリストを作成しました。

また、回線名義人が間違っていた申し込みは、顧客獲得数としてカウントしないことを販売代理店に伝えました。獲得数が多いほど代理店に支払う報酬が増えるので、担当者も自分たちの収入が下がらないよう、書類に間違いがないか必ず確認するようになります。

こうした対策をとったことで、クレームの数は劇的に減っていきました。もしプロセスごとに分けて数値化しなかったら、正しく対処することはできなかったでしょう。

こうしてプロセスを分けると、物事がスムーズに進まない原因がどこにあるのか明確になります。それさえわかれば、必ず問題の解決策は見つかるはずです。

とくに新しいことを始める時は、プロセスそのものがきちんと定義されていないことも多いでしょう。

「Ｙａｈｏｏ！ ＢＢ」立ち上げプロジェクトの時も、最初は、誰がいつ何をやっているのかもわからないような混乱状態にありました。

だからこそ、誰かがプロセスをきちんと分類・整理し、数字で現状を把握して、「どのプロセスにどれだけの人や時間を使うか」を決めなくてはいけないのです。

数値化する前に、まずは分ける。

ぜひこの原則を覚えておいてほしいと思います。

二：八の法則で、「解決すると効果の大きい」ものから着手する

コールセンターのクレーム問題の例でもわかる通り、グループ分けをする最大のメリットは「優先順位をつけやすくなる」という点にあります。

山崩しをして問題をいくつかに分類しても、一度にすべてを解決するのは不可能です。どんなプロジェクトでも、使える人や時間、お金などの資源には限りがあるからです。よって、どれを優先して着手するかを決めなくてはいけません。

この時、知っておきたいのが「二：八の法則」です。

これは「全体の大部分（八割）は、一部の要素（二割）によって決まる」というもので、「パレートの法則」とも呼ばれます。

皆さんも「売上げの八割は、二割の商品によって生み出されている」「会社の売上げの八割は、二割の社員が生み出している」といった事例で、この法則が用いられているのを

「優先して着手すべき問題」が明らかになるマトリックス

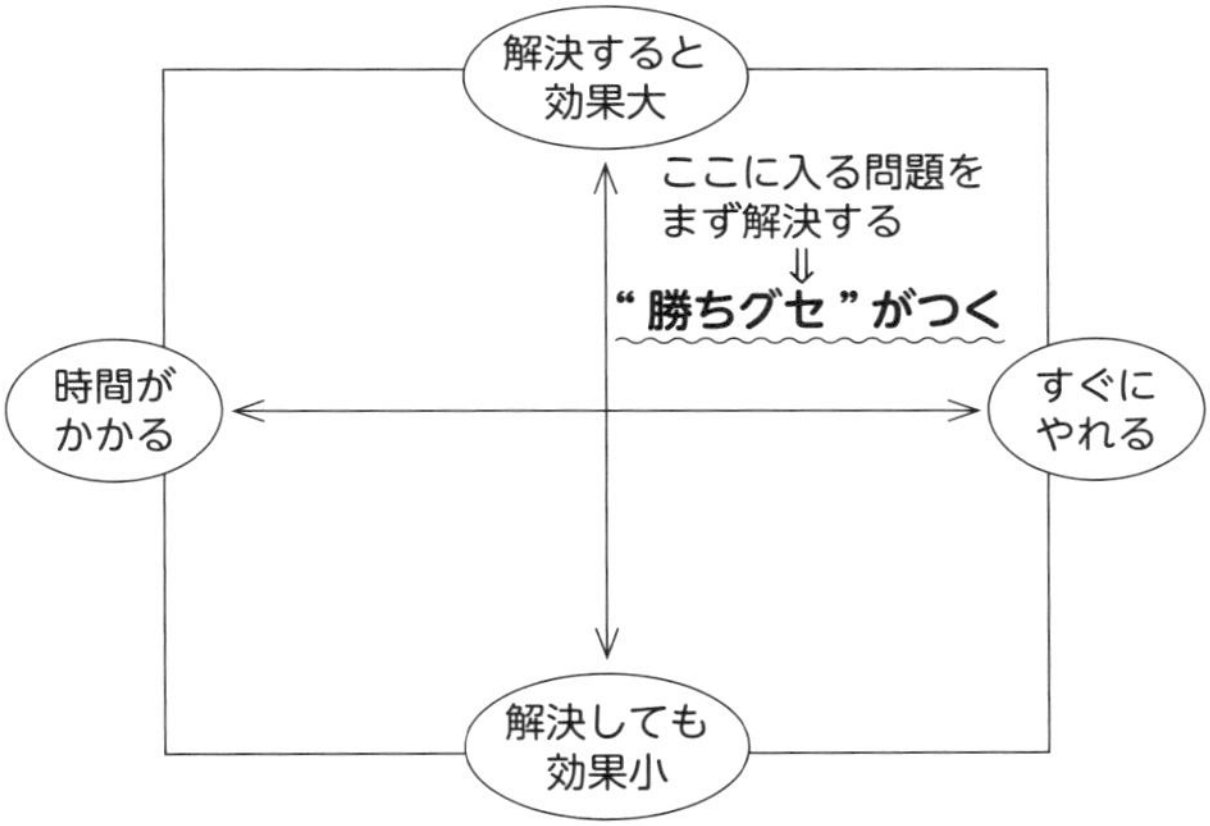

聞いたことがあるのではないでしょうか。

この法則を問題解決に当てはめると、「二割の問題を解決すれば、全体の八割が解決する」ということになります。

問題をグループ分けして、「これをやれば効果が大きい」という上位二割を選んで解決すれば、問題の大部分は片付いてしまうということです。

二割の時間で済むということは、通常の五分の一の時間で八割の成果が上がるということです。これは問題をスピード解決するための極めて重要なポイントと言えます。

上位二割を選ぶには、マトリックスで分類するとよいでしょう。

問題をグループ分けしたら、「**解決すると**

効果が大きい／小さい」「すぐにやれる／時間がかかる」の二軸でマトリックスを作り、それぞれの問題がどこに入るか整理します（前ページの図参照）。

もちろん、優先すべきは「すぐにやれて、効果が大きいもの」です。そこで、右上の象限に入った問題から着手します。

こうして、最小限の時間で最大限の効果が出ると、だんだんと〝勝ちグセ〟がついてきます。「これを解決しただけで、こんなに改善された！」という実感が得られれば、担当しているメンバーたちもモチベーションが上がり、より集中して作業に取り組むのです。

また、外から見ても「あのチームは随分と成果を出しているな」と認めてもらえるので、人や予算を多めに回してもらえるようになります。

いったん勝ちグセがつけば、プロジェクトはどんどん良い方向に進んでいき、さらに高い成果を出せるという好循環が続くのです。

どんなに頑張って時間と労力を注ぎ込んでも成果が出ないというのは、人間にとって最も苦痛なものです。「二：八の法則」を使って、**なるべく早い段階でメンバーに成功体験を味わってもらうことも、プロジェクトを成功させる秘訣**の一つなのです。

「多変量解析」で数字を論理的に裏づけ、正しい目標設定をする

ソフトバンクの経営幹部やマネジャーたちは、孫社長から数字の裏づけを論理的に説明するよう徹底して求められます。数字を数字のまま報告してもダメということです。

これは当然のことで、「今月の新規顧客獲得数は一万人です」と報告するだけなら、新入社員でもできます。そうではなく、「なぜ一万人なのか」を客観的に裏づけなくてはいけないのです。

そこで**ソフトバンクの管理職全員が、孫社長から「多変量解析をマスターしろ」と指示されていました。**これは今でもきっと変わっていないはずです。

多変量解析とは、複数の変数の関連性を明らかにするための統計手法です。

例えばアイスクリーム屋さんの販売個数でいうと、それに影響を与えるものとしては、値段、気温、アイスクリームの種類、一個あたりのアイスクリームの量、最寄駅からの距

離、お店の前の道の通行量……などが考えられます。こうした複数の要因が、それぞれどのように関連しているか、データをとって分析するのが多変量解析です。

多変量解析を使うことは、私がＡＤＳＬ事業の顧客獲得に力を入れていた頃からすでに徹底されており、屋外キャンペーンを実施した際も、あらゆる数字を統計的に分析・予測するように、孫社長から指示されていました。

「駅からの距離によって売上げはどれくらい違うのか」
「晴れの日、曇りの日、雨の日では、それぞれいくら売れるのか」
「売り場ごとの人数を増やしたら、売上げはいくら伸びるか」

こうした問題を多変量解析ですべて明らかにしていたのです。

その結果、キャンペーンの現場ごとに精度の高い予測ができて、効果の高い場所や日時に人を多く配置するなどの対応が可能になりました。

また、以前なら目標数字を下回った時も「この店は人通りが少ない場所だから」「今日は天気が悪かったから」といった言い訳ができました。

しかし、多変量解析を使うことで、「この立地でも、このぐらいの目標数字は達成できる」「雨の日でもこのぐらいの数字は達成できる」といったように、条件ごとに論理的な裏づけがされたことで、そんな言い訳はできなくなったのです。逆に、目標数字を超えた場合は、現場の社員やアルバイトの工夫によるものだと判断できるので、そのぶん報酬を増やすという方針もとることができました。

その結果、現場のモチベーションも高まり、飛躍的なスピードで顧客数を伸ばしていくことができたのです。

さらに、予測と実績の数字に大きな差が出た場合は、「何か条件に変化があったのではないか」とすぐに気づけるようにもなりました。これも現場の担当者に確認すれば、「近くにライバル会社の店舗ができた」といった事実を把握できるので、即座に対抗策を打つことができます。数字を見ていなければそのまま放置されていたかもしれない問題を、すぐに解決できるのです。

このように、ソフトバンクのＡＤＳＬ事業が一気に五〇〇万人もの顧客を獲得した背景には、徹底した数値化とその分析がありました。

目標をスピード達成するには、数字を読み解き、現場の戦略や目標設定に落とし込むことがいかに重要か、それを示す好例ではないでしょうか。

どんなに大きな問題も「構造化」すれば解決できる

「経営要素を一万個リストアップして！」

忘れもしません。

これが孫社長に初めて与えられたミッションでした。

当時の私は、ソフトバンクに転職したての二十五歳。社会人経験の浅い若造にこんな命令をする上司は、普通ならいないでしょう。

しかも、与えられた時間はわずか三日間でした。

三日間で一万個……。

今振り返っても、気が遠くなるような数です。

しかし、最初の仕事でいきなり白旗を揚げるわけにもいきません。とにかく必死で、思いつくままに経営に関する要素を紙に書き出していきました。

とはいえ、自分の頭で思いつくことなどたかが知れています。すぐに考えは出尽くしてしまいました。もちろん、書き出した要素は一万個にはほど遠い数です。

「転職したばかりなのに、もうクビになるのか……」

そんなことを思いつつため息をついた瞬間、私ははたと気づいたのです。

「一人の人間が一から考えたところで、自分の頭の中から一万個も要素をひねり出せるわけがない」という当たり前の事実にです。

そんなことが可能なら、私は三日間で「経営事典」を作れることになります。

孫社長はそれを百も承知でこのミッションを与えたはずだ。だったら、何か別の方法があるに違いない。

そう考えた私は、まったく別の角度から一万個という数に近づくことにしました。

まずは経営に関する大きな要素を一〇個書き出してみました。

「経営戦略」「財務」「経理」「法務」「人事」……といった具合です。

次に、その一〇個の要素をさらに小さく分けてみました。経営の知識や経験がない私でも、本やネットで調べていけば、それほど難しい作業ではありません。
「経営戦略」↓「商品戦略」「マーケティング戦略」「販売戦略」……
「財務」↓「資金調達」「資本政策」「キャッシュフロー管理」……
こうして、一〇個の分野に対して、それぞれ一〇個ずつに分けたのです。
これで「一〇×一〇＝一〇〇」の要素ができました。
そして今度は、その一〇〇個をさらに小さく分けていったのです。
「資金調達」↓「株式発行」「銀行融資」「証券化」……
このように、一〇〇個の分野に対して、それぞれ一〇〇個ずつに分けます。
すると「一〇〇×一〇〇＝一〇〇〇〇」。
そう、一万個の達成です！
とてつもなく大きく思えた問題が、小さく分けることで、解決できてしまったのです。

パターンの軸を決めて、分けていく

この時に私がやったことは、要するに「構造化」です。

小さな要素を積み上げて、大きな問題を把握しようとするのではなく、まずは大きな単位で要素をくってしまい、そこから小さな要素へとブレイクダウンしていくことで、全体像を明らかにする。

これが「構造化」と呼ばれる問題解決法です。

その後も孫社長のそばにいると、多くの社員たちが「事業計画を一〇〇〇パターン作れ！」といった指示をされる場面を見ることになりました。

初めて言われた社員は、誰もが数の大きさにびっくりして戸惑います。他の会社なら三パターンも考えれば十分なはずですから、当然かもしれません。

とはいえ、これも構造化ですぐに解決できます。

最初にパターンの軸をいくつか決めて、そこからさらに小さなパターンに分けていけばいいのです。

まずは「顧客獲得数」「顧客単価」「設備投資額」「顧客獲得コスト」などの軸を決めます。そして「顧客獲得数」なら、「五年目までに三〇〇万人／二〇〇万人／一〇〇万人」というパターンに分けます。さらに、それぞれについて「三年目に到達したが、その後は横ばい」というパターンも加えれば、計六つのパターンができます。

あとは「顧客単価」「設備投資額」「顧客獲得コスト」のそれぞれについても、同じように六パターンずつに分ければ、「六×六×六×六＝一二九六」のパターンができるので、孫社長に指示された「一〇〇〇パターン」を超える事業計画が出せるわけです。

ちなみに孫社長は、私が出した一万個の経営要素をプリントアウトして、常に持ち歩いていました。経営のすべての要素をチェックするためのリストとして使っていたのだと思います。

先述したように、ソフトバンクに入社した頃の私は英語がまったく話せませんでした。そのため、孫社長に同行した海外出張先で、Ｙａｈｏｏ！初代ＣＥＯのティム・クーグルからは「こいつは何なんだ？　どうしてずっと黙ってるんだ！」と言われてしまったのですが、その時も孫社長はプリントアウトを見せながら、「いや、彼は私の指示通りに一万個の経営要素を出したんだ。なかなかすごい男だぞ」と言い返してくれました。

孫社長は単なる無茶ぶりをしているわけではなく、必要性があるから指示しているのだということ、それをやり遂げた者はきちんと評価してくれることを、その時に私は理解したのでした。

なぜ、孫社長は「数をたくさん出すこと」にこだわるのか？

孫社長に限らず、各界の超一流と言われるような人たちは、「数をたくさん出す」ことによくこだわります。

それは「量は質に転化する」ということを知っているからです。

「一万個の経営要素を出せ」

「一〇〇〇パターンの事業計画を考えろ」

こうした指示を出せば、その問題に関するあらゆる要素を洗い出し、それぞれの要素を掛け合わせて考えなくてはいけなくなります。

つまり、会社経営のすべてを細かい部分まで網羅できるわけです。

孫社長が数にこだわるのは、経営や事業計画といった大きなプランや仕組みに関わることだけではありません。現場の社員たちが日々こなしている業務についても、すべてを数値化して報告するよう徹底させていました。ソフトバンクでは、売上げや利益、人件費などのあらゆる数字を、毎日チーム別に表とグラフにして管理していました。

この手法は「千本ノック」と呼ばれ、経営会議ではその結果を見ながら、チームごとの目標設定の見直しなどを議論します。

会社によっては、月ごとや四半期ごとの数字にもとづいて事業の運営方針を決めることもあるようですが、孫社長に言わせれば論外です。そんなざっくりとした大まかな数字で会社を運営するなんて、「車のバックミラーを見ながら運転しているようなものだ」というわけです。

現在のソフトバンクでは、千本ノックがさらに進化し、一日単位どころか、リアルタイムで数字が共有されています。携帯電話の新規顧客獲得数などが、刻々と変化するのを確認できるのです。

こうして経営や事業に関してたくさんの数字を出し、あらゆるパターンを押さえておけば、何か問題が起こった時も、さまざまな対策をとることができます。

不確実性の時代には、今日明日どんなことが起こるかわかりません。それでも、想定しうる限りのパターンを考えておけば、どんな変化が起ころうとも、すぐに手を打つことができるのです。

大量のパターンを考えておくことが、最良の解決策を生み出す。その事実を知っているから、優秀な人たちは数にこだわるのです。

とにかく多くのパターンを考えれば、最善の解決策を最速で実行できる。それはつまり、たくさん試行錯誤した人が、一番の当たりを引くということでもあります。孫社長のように天才的と言われる人も、最初から質を追求しているわけではありません。数を追求した結果、人よりも選択肢が増えて、当たりを引く確率が最大に高まっているというのが真実なのです。

これは第1章で紹介した「くじ箱理論」で、「安いコストで、できるだけたくさんのくじを引きましょう」と話したことにも通じます。

10倍速で目標を実現している人たちは、やはりこうした戦略やルールをきちんと実践しているのです。

いい発想が浮かばない時は、「掛け算法」でとにかく数を出す

「今までにない画期的な新商品を考えてほしい」

上司にそう言われたら、皆さんはどうするでしょうか。

ここまで読んできた人なら、もうおわかりですよね。自分一人の頭をいくらひねったところで、斬新なアイデアをゼロから生み出すのは不可能に近いということを。

そんな時の解決策として、「人の知恵を借りる」という方法はすでに紹介しました。

でも、人に会う時間がなかったり、適切な相手が見つからないこともあるでしょう。

実は一人でも、この壁を乗り越えられる方法はあります。

それが「**掛け算法**」です。

これは既存のアイデアや商品、ジャンルなどを掛け合わせることで、新しい発想を生み

出すテクニックです。

やり方は簡単。まずはＡ４の紙を用意して、左半分をＡ欄、右半分をＢ欄とします。

そしてＡ欄には、今のトレンドを表す言葉を書き出します。

例えば「女性活用」「草食系」「妊活」「おひとりさま」「中国人観光客の爆買い」「ドローン」「電力自由化」といったところです。

どの言葉がよさそうかといったことは、この時点では深く考えなくて構いません。

経済紙やビジネス雑誌に掲載されているヒット商品のリストや、「流行語大賞」の候補になった言葉から、そのまま引用すればＯＫです。

続いてＢ欄には、自社製品を書き出します。乳製品の会社であれば、「牛乳」「チーズ」「ヨーグルト」「バター」「粉ミルク」といったものでしょうか。

あとは、Ａ欄とＢ欄の言葉を掛け合わせていくだけです。

Ａ欄の一つ目の言葉からは、「女性活用牛乳」「女性活用チーズ」「女性活用ヨーグルト」「女性活用バター」「女性活用粉ミルク」という言葉が作れます。

同じく二つ目の言葉からは、「草食系牛乳」「草食系チーズ」「草食系ヨーグルト」「草食系バター」「草食系粉ミルク」という言葉が作れます。

このように他の言葉もそれぞれ掛け合わせて、面白そうなものや話題になりそうなものを線で結んでください。あまり多いとわかりづらいので、とりあえずは七つ程度に収めましょう。あとはそれぞれの言葉から、具体的にアイデアを膨らませればいいのです。

「メガ」×「英会話」で何が生まれる？

例えば「女性活用ヨーグルト」なら、「忙しく働く女性のために、これ一つで一日に必要な栄養素がすべてとれるヨーグルトはできないか」といったアイデアが出るかもしれません。「草食系牛乳」なら、「最近の若い男性は飲酒率が下がっているらしいから、お酒の代わりに居酒屋やバーで出せるカクテル風の牛乳はできないだろうか」といった発想も出るかもしれませんね。

あとは、自社の技術や設備で作ることが可能か、市場のニーズはどれくらいか、採算性はあるかなどを検討します。そして、実現の可能性が最も高いものを、上司に提案すればいいのです。

私の会社は英会話教室を運営しているのですが、少し前に「メガ盛り」「メガバーガー」

といった〝メガ〟のつく商品がはやった時は、「メガ英会話なんてどうだろう」と考えたりしました。

「メガだから、ものすごい量の学習トレーニングをする英会話教室とか？」といったアイデアがいろいろと思い浮かんで、なかなか楽しいものです。

実は孫社長も、この「掛け算法」を活用しています。

ソフトバンクを創業する前、孫社長が「携帯型自動翻訳機」を発明したエピソードはすでに紹介しました。でも、孫社長が発明したのはこれだけではありません。なんとアメリカ留学中は、「一日に一つ発明する」というノルマを自分に課していたというから驚きです。

とはいえ、すべてをゼロから考えていたわけではありません。

カードに思いついた言葉をどんどん書き出し、手当り次第に組み合わせて、それを発明のヒントにしていたのです。

最後はカードを使うのが面倒になり、コンピュータでプログラムして自動的に組み合わせるようにしたそうですが、仕組みとしては私が紹介した「掛け算法」と同じです。

おそらくその中から「持ち運び可」「自動」「翻訳」といった言葉が組み合わされて、

「携帯型自動翻訳機」が生まれたのでしょう。

「これまでにないもの」と言われるとハードルが高く感じますが、既存のものを掛け合わせても新しいアイデアは生み出せます。これを知っていれば、どんどん面白い発想が湧いてくるはずです。

仮説をもとに「正しい質問」をすることが肝心

人の話を聞くことは問題解決の近道ですが、何も考えずにただ話を聞きに行っても、役に立つ情報を引き出せるとは限りません。

そこで重要になるのが、「正しい質問」をすることです。

情報を知りたいだけなら、今はインターネットでいくらでも調べることができます。どんなにニッチでマニアックなテーマでも、調べれば必ず何らかの情報はヒットするでしょう。その分野の専門家でないと知り得ない情報というのは今はそれほど多くないのです。

ちなみに私は、**日本中の論文を検索できる「CiNii」というサイト**をよく使います。政治経済から科学、医療、芸術まで、あらゆるジャンルの論文が探せるのでとても便利です。

ただし、見つけた情報をどのように問題解決に応用するかについては、やはり自分一人では判断ができない場合もたくさんあります。

そんな時こそ、その分野に詳しい人の力を借りるべきです。

そのためには、話を聞く前に「何を解決することが目的なのか」というゴール設定を明確にしなくてはいけません。さらに、インターネットなどで調べた情報をもとに、自分なりの仮説を立てる必要があります。

そして人に話を聞く時は、その仮説をもとに「これが原因でこの問題が起こっているのだと思うが、どう解決すればいいでしょうか」という質問をすべきなのです。

これが問題解決というゴールに最短で到達するための質問の仕方です。

ところが**多くの人は、仮説を立てないまま質問をしてしまいます**。せっかく相手が専門的な知識や思考を持つ人なのに、的外れな答えばかり引き出す結果になるのです。

例えば私は、ある微生物について専門家に話を聞いたことがあります。

私が参加したあるプロジェクトで、現場の機械がさびるという問題が発生しました。そこでいろいろと資料を調べた結果、この微生物が原因らしいとわかったのです。ところが、最初に専門家と話をした別のメンバーは、こんな質問をしてしまったらしいのです。

「この微生物について詳しく教えてもらえますか？」

するとと専門家は「だったら、その機械の中に発生した微生物の遺伝子解析をしましょう」「機械の中の環境分析もしたほうがいい」などと言い出したのです。

それを聞いた私は、ただちにストップをかけました。私たちの目的は、微生物を除去して、さびの発生を食い止めることです。遺伝子について知りたいわけではありません。

しかも、機械がさびたことで現場の作業が止まっているため、ことは一刻を争います。のんびり分析に時間をかける余裕などありません。

そこで私は、専門家にこう質問しました。

「この微生物が原因でさびが発生しているようなのですが、取り除く方法を教えてもらえますか？　私の素人なりの仮説では、〇〇というものが効果的だと思うのですが」

すると簡単に答えは出ました。

「専用の殺菌剤があるので、それを使えば微生物は除去できます」

もちろんすぐに入手し、その殺菌剤をまいて機械の中をきれいに掃除しました。これで問題は解決です。ゴールを設定せず、仮説もないまま質問をすると、いかに無意味な情報ばかりを引き出すことになってしまうか、わかってもらえたのではないでしょうか。

具体的な事例を投げかけて、話をどんどん掘り下げる

微生物の例からもわかるように、**「〇〇について教えてください」といった、ふわっとした質問は避けるべき**です。

人に話を聞くときは、最初にできるだけ具体的な例を投げかけましょう。

例えば、「競合のA社が新しいロボットを開発したので、自分の会社もロボット開発に参入したい」と考えて、ロボットの専門家に話を聞きに行ったとします。

ここで「最近のロボット技術についてどう思いますか?」「我が社はどんなロボットを開発すればいいでしょうか?」といった大まかな質問から入ってしまうと、相手がどこを切り取って話し始めるかわかりません。

ロボットの反応速度なのか、サイズなのか、パワーなのか。いずれにしても、その相手にとって関心が強いことや話しやすいことなど、もともと自分が持っている枠組みの中で

しか話をしてくれないでしょう。

それに、あまりにアバウトな質問から入ると、「この人、何もわかっていないな」と思われて、話を掘り下げてもらえません。それこそインターネットで検索すればわかるような表面的な話だけで終わってしまう可能性があります。

「そもそも日本のロボットの歴史は……」といった概論を長々と説明されても、お互いに時間を無駄にするだけでしょう。

こちらは別に授業を受けにきたわけではなく、問題解決のために話を聞きにきたのです。

この場合なら、「A社と競合できるような新しいロボットを開発する」というゴール設定があるのですから、それに向けてできるだけ具体的な問いを投げかけることが必要です。

では、こんな質問ならどうでしょうか。

「先日A社が発表したロボットですが、あれをもっと小さなサイズにすることはできませんか？」

すると、「いや、それは今の技術では難しいね。なぜなら……」といったように、一段掘り下げた答えが返ってくるはずです。しかもこの質問なら、こちらがA社の技術についてある程度は知っていると考えて話してくれるので、より深い話を引き出すことができます。

もちろん話が専門的になれば、途中でわからない用語が出てくることもあります。そんな時の裏ワザは、パソコンでメモをとるふりをしながら、こっそりネットで検索すること。あまり大声では言えないのですが、私はよくこの方法で乗り切っています。質問が具体的なら、返ってくる答えもより具体的になり、こちらが得られる知識は深まります。話を聞くことで、自分のレベルをジャンプアップさせることができるのです。

質問をするのは、人に力を借りる時だけではありません。

問題が起こった時、関わる人たちにヒアリングをすることも多いでしょう。

ところが、問題が発生して現場が混乱している時ほど、本人たちも状況をよく把握できていないものです。

「人は足りないし、納期は短すぎるし、システムはすぐ不具合を起こすし……」

こんな具合では、ヒアリングをしても意見を集約することができません。

そんな時、最速で問題解決に近づくための質問はこれです。

「一番困っていることを、一つだけ教えてくれませんか？」

それに対して返ってきた答えこそ、〝最優先で解決すべき問題〟です。シンプルながら、本当に必要なことをズバリと引き出すマジックフレーズと言えるでしょう。

正しい質問をすることによる効果は、想像以上に大きいものです。

問題解決のスピードを高めるために、皆さんもぜひ質問力を磨いてください。

どうにも行き詰まってしまった時は、「細いつながりの人」に会いにいく

「なんだか最近、元気が出ない」

「はっきりした原因があるわけではないけれど、なぜかモヤモヤする」

皆さんにも、こんな時があるでしょう。

目標に向かって走っていても、途中でスランプに陥ったり、やる気が低下してしまうことは誰にでもあります。

人間には体調や気分のバイオリズムがありますから、ある意味で当然のことです。

そんな時、私はよく「細いつながり」の人に会いに行きます。

それほど近しい関係ではない人や、しばらく疎遠になっている人に、あえて連絡をとってみるのです。

なんとなく元気が出なかったり、考えが行き詰まってしまったりする時は、同じ環境に

どっぷり浸かっているのが原因だということも多いようです。

話をするのはいつも同じ相手で、入ってくる情報も似たようなものばかりだと、自分の中にあるデータベースや知識はどんどん陳腐化していきます。

毎日同じことを考え、同じことを見聞きし、同じことをしていると、新しいものを生み出すためのパワーやバイタリティーが失われてしまうのです。

そんな時に、普段会わない人と話をすると、いつもとは違う情報を得られます。それが刺激となって、アイデアを思いついたり、モチベーションが復活することは意外と多いのです。

第3章で「面識のない人にも積極的に会いに行きましょう」と話しましたが、気力や体力が低下している時は、まったく知らない人に会うのもしんどいものです。

そんな時は、「ちょっとした知り合いや古い友人で、普段はあまり会わない人」がちょうどいい距離感なのです。

実はかくいう私も少し前に、ちょっと行き詰まってしまった時期がありました。

そこで、三菱地所時代の先輩に連絡をとって、久しぶりに会うことにしました。当時の私がロールモデルにしていた人です。

食事をしながら、お互いに「最近は何をやってるの？」「調子はどう？」といった他愛もない話をしただけなのですが、それがよかったのでしょう。いろいろな気づきやヒントをもたらしてくれました。

私が英会話教室を運営していることや、最近ダイエットしていることなどを何気なく話したところ、先輩が「『必ず結果を出す』とうたっているトレーニングジムがあるだろう？　あのシステムを英会話教室でやってみたらどうなの？」と言い出したのです。

そう言われると、なかなか面白そうです。

「『必ず結果を出す英会話教室』ですか。いいですね」

「そうそう、マンツーマンでトレーナーをつけて、プライベートな時間もちゃんと管理してあげてさ」

先輩はただの世間話をしているつもりだったと思いますが、行き詰まっていた私には大きな意味がありました。なぜなら、しばらくして私は、「One Year English プログラム『TORAIZ』」を事業として始めることになったからです。

いつもの自分とはちょっと遠い人と、何気ない話をするからこそ、思いがけない情報や

刺激に出会える。これが「細いつながり」の人に会うメリットです。

定期的に名刺の整理整頓をする

ただし、「細いつながり」の人は、うっかりするとどんどん疎遠になって、「連絡先を紛失してしまった」「あまりに久しぶりすぎて、連絡をとるのが気まずい」といったことになりがちです。

そこで私は、大事な人との関係を切らさないために、定期的に名刺の整理整頓をするようにしています。

名刺をあいうえお順や会社別に整理している人も多いと思いますが、私はそれに加えて「普段よく会う人」と「一年以上会っていない人」にざっくり分けています。

そして定期的に名刺を見直し、「一年以上会っていない人」の中から「そろそろこの人に連絡したほうがいいな」といった判断をします。

時には、名刺を壁に貼り出して、自分との関係性を整理することもあります。

しょっちゅう会う人の名刺を中央に貼り、たまに会う人は少し離れたところに、長い間会っていない人はさらに遠くに貼ります。

いわば「人脈マインドマップ」のようにビジュアル化してみるのです。

こうすると、自分を取り巻く人との距離感やコミュニケーションの密度がひと目でわかります。

そして細いつながりの人との関係を途切れさせないよう、円の外側にある人にこそ、積極的に連絡をとるよう心がけています。

よく「人脈を作りたいので、異業種交流会やパーティーに積極的に顔を出します」という人がいます。

しかし、大勢の人と新たに知り合うことが、素晴らしい人脈作りにつながるのでしょうか？　おそらく名刺交換をしただけで終わってしまうのがほとんどのはずです。

だったら、**これまで出会った人とコンスタントに会う努力をしたほうが、人脈の強化につながる**とは思いませんか。

皆さんも元気が出ない時や、モヤモヤした時は、手元にある名刺を見直してみてください。そして、その中にいる「細いつながり」の人に会いに行ってみましょう。

きっと誰かが自分の背中を押してくれます。

目標へ向かう道の途中で立ち止まってしまった時も、またゴールを目指して走り出すことができるはずです。

どんなにストレスフルな時でも、「二分割法」ですっきり安眠できる

目の前に問題が山積みになっていると、心労で夜も眠れないことがあります。ベッドに入っても、問題が気になって目は冴えるばかり。明日も早いから眠らなくてはいけないのに、どうしても寝つけない……。

誰しも一度や二度は、そんな経験があるものです。

私だって同じです。とくに第4章で話したナスダック・ジャパン創設プロジェクトの際は、孫社長から「起業家を二〇〇〇人集めろ！」と言われ、プレッシャーと不安のあまり、本当に眠れなくなってしまいました。

しかし大変な時だからこそ、しっかり睡眠をとって体調を万全にしなくては乗り切れません。それに睡眠不足でぼーっとしていると、仕事の集中力も落ちて、生産性が低下します。10倍速で目標を達成するためにも、睡眠不足は大敵なのです。

そこでなんとかしてぐっすり眠るべく、試行錯誤の末に、私なりの安眠法を編み出しました。それは、**今の自分に「できること」と「できないこと」を分ける**こと。名付けて「二分割安眠法」です。

まずは紙を用意して、自分の睡眠をさまたげている不安材料をひと言で書き出します。

「今月の営業ノルマを達成できないかもしれない」といった具合です。

次に、考えられる対策を書き出していきます。

「クライアントのAさんにもう一度電話して面会を申し込む」

「販促グッズを追加でもらえるよう、Bさんにメールする」

「別の顧客リストを隣の部署から借りる」

そして、書き出した項目を、「今日できること」と「明日にならないとできないこと」の二つに分けます。

書き出しているのが夜だったら、クライアントに電話するのは明日にならないとできません。顧客リストを借りるのも、明日会社に行かないと無理です。

でもBさんにメールするなら、今でもできます。だったらBさんにメールをすれば、それだけで「今日やれることはやった」と思えて、気分がスッキリします。「あとは明日やるしかない」と開き直れるので、精神的にも少しラクになります。そうすれば、ベッドの中でもんもんとすることなく、眠りにつくことができるでしょう。

この「二分割安眠法」を思いついたのも、孫社長がきっかけでした。

孫社長と一緒に働いていた頃は、深夜遅くまで仕事をすることも珍しくありませんでした。そして今日はこれで終わりという時、孫社長が最後に必ずこう叫ぶのです。

「よし、これで見えてきた！」

実際には、とても「見えてきた」とは言えない状況の時もよくありました。それでも、孫社長はこの雄叫びによって、自分にけじめをつけていたのでしょう。それはつまり、「今日やるべきことは全部やったぞ」という宣言のようなものでした。

そしてどうやら本当に、毎晩ぐっすり眠っているらしいのです。その証拠に、翌朝どんなに早くてもスッキリした面持ちで、また一日フル稼働するのでした。

私も例のナスダック・ジャパン創設プロジェクトの時は、「二分割安眠法」にだいぶ救われました。最初の頃は本当に眠れない夜が続いたのですが、悩んでいても仕方ないので、プロジェクトのメンバーたちと一緒に「今日できること」と「明日以降実現できること」を毎日書き出すようにしたのです。

そして「今日できること」を片付けることに集中したところ、「今日はここまでやり切った」という達成感を得られるようになり、不安やストレスも少しずつ減っていきました。

そして自宅に帰ってからも、「今日の自分はベストを尽くしたぞ」と思いながらベッドに入ると、すぐに眠れるようになったのです。

あのハードな日々を乗り切れたのも、「二分割安眠法」のおかげです。この方法は仕事に限らず、プライベートな人間関係や家庭で悩みが生じた時にも役立ちます。

目標を10倍速で達成するためにも、体力と気力を維持することは必須です。

「プレッシャーや不安で眠れない」とお悩みの皆さんも、ぜひ試してみてください。

おわりに

私はいかにして自分の目標を実現してきたか？

二〇〇五年末、相次ぐM＆Aによって、ソフトバンクは通信事業を手がける組織として完成に近づきつつありました。そして、私が立ち上げに関わったＡＤＳＬ事業を含むブロードバンド事業も黒字化を遂げました。

「自分が必要とされることは、すべてやった」

私はそう感じました。これだけ会社としての体制が整えば、もう〝何でも屋兼トラブル処理係〟が呼ばれることもないだろうと思ったのです。

そして私はソフトバンクを退社し、ジャパン・フラッグシップ・プロジェクトという会社を設立しました。

それから約十年。現在はトライオンという子会社を設立し、ロボットやITを活用した教育事業や、英会話学校の運営に力を入れています。また、一年で〝使える英語〟をマスターすることをゴールとする「One Year Englishプログラム『TORAIZ』」を、東京・赤坂、大阪・堂島などで展開しています。

そうした一方で、東証一部上場企業を始めとする七社で、社外取締役や監査役を務めていますし、ソフトバンク時代の経験と実績を買われていくつかの国家的プロジェクトにもアドバイザーとして携わってきました。

こうしたプロフィールを紹介すると、「三木さんはいったい何をしている人なんですか？」と質問されることがよくあります。確かにほかの人から見れば、私のキャリアや仕事内容には一貫性がないように思えるかもしれません。

しかし、私にしてみれば、やっていることはどれも同じです。

目標を決めて、そこへ到達するまでの最短ルートを探し、チームをまとめて、問題解決をしながらゴールへと導く――。

つまりこの本で紹介したことを、どこへ行ってもやっているわけです。

自分の会社では社長として実践し、社外取締役や監査役としては企業の経営者たちとともに実践し、国家プロジェクトではメンバーの一員として実践している。場所や立場は違えど、やっていることは一緒だというのが私の考えです。

そして実際に、それぞれの場所で与えられた目標を達成してきました。

社外取締役や監査役として関わっている企業はベンチャーがほとんどですが、公開したか公開一歩手前まできています。

これまで培ったプロジェクトの経験やノウハウを日本のために役立てたい

では、私個人はどうかというと、目標通りの人生を実現できています。

正直に告白すると、思い描いていた人生計画からは二年か三年ほど歩みが遅れていますが、それでもかなりのスピードで目標を達成してきたと自負しています。

そこで最後に、一つのケーススタディとして、私がいかにして自分の目標を実現してきたかをお話ししたいと思います。

私の仕事人生をひと言で表すなら、「プロジェクトにすべてを懸けてきた人生」ということになるでしょう。

プロジェクト人生の始まりは、新卒で入社した三菱地所で「丸の内活性化プロジェクト」を手がけたことでした。

別に誰かに頼まれたわけでもないのに、「丸の内をもっと元気にしたい」と考え、社長にプレゼンして予算をつけてもらい、自分でプロジェクトを立ち上げたのです。

そしてフラッグシップとして「丸の内カフェ」を開業し、ここを起点として丸の内全体をおしゃれで活気ある街にするプランを進めました。そして今、丸の内はまさに私が思い描いた通りの街へ生まれ変わっています。

そしてソフトバンク転職後、孫社長のもとで数々のビッグプロジェクトをマネジメントしてきたことは、本書でもすでに話した通りです。

もし「あなたのスキルは何ですか？」と問われれば、私は胸を張って「プロジェクトマネジメントです」と答えます。それこそ私が最も自信のあることだからです。

ですから、ソフトバンクを退社した私が次に何をやりたいかを考えた時も、答えははっきりしていました。

「これまでに培った経験やプロジェクトマネジメントのノウハウを、これからの日本を引っ張っていくであろう若い企業や、日本が抱える問題を解決するためのプロジェクトに提供したい」

自分の会社を「ジャパン・フラッグシップ・プロジェクト」という名前にしたのも、そんな思いを込めたからです。

日本の代表的なプロジェクトをお手伝いして、私のスキルを役立てたい。そう考えた結果、会社なのに〝プロジェクト〟というちょっと不思議な名前になったわけです。

一冊の本の出版から「わらしべ戦略」をスタート

とはいえ、会社を設立した頃の私にとって、これはまさに夢のまた夢でした。他人からみれば妄想と言われても仕方ないくらい、高いレベルの目標だったと思います。

当時の私にあったのは、ソフトバンクでの実績と元社長室長という肩書きだけです。

「それがあれば十分じゃないの？」

そう思ってくださるかもしれませんが、当時のソフトバンクは今の姿からは想像がつかないくらい、規模も知名度も世間的な評価も低かったのです。メディアやビジネス関係者の中には「ソフトバンクは虚業だ」などと批判するアンチも少なくありませんでした。

私がいくら「ソフトバンクの元社長室長です」と売り込んだところで、門前払いにされるのは目に見えていたのです。


そこで私は、**本書で紹介した「わらしべ戦略」「ナンバーワン戦略」「くじ箱戦略」などを自ら実践**することにしました。

まずは目標設定です。

「複数のベンチャー企業で社外取締役になる」

「国家的なプロジェクトに関わる」

これが私の大きな目標です。ここから目標を小さくブレイクダウンしていきます。

同時に、「目標に到達するための最短ルートはどれか」「ここを押さえれば大きく飛躍できるという飛び石は何か」を考えました。

その結果、出した答えが「本を出すこと」でした。

本を出せば、私がやってきたプロジェクトのことや、身につけたノウハウについて、多くの人に知ってもらうことができます。

著者として取材を受けたり、講演会に呼ばれたりする可能性も出てくるはずです。

その中には、社外のアドバイザーを求めている企業経営者もいるでしょう。国家的プロジェクトのメンバーを探している人の目にも留まるかもしれません。

本を出すことは、名乗りを上げるのに一番よい方法だと思えました。

もちろん本を出すのは決して簡単ではありませんが、先ほどの大きな目標に比べれば、ハードルは低くなります。

私は「わらしべ理論」にのっとって、小さな一歩から始めることにしました。


これで「本を出す」という「中間ゴール＝小さな目標」が決まりました。

では、これをどうやって達成するか。

本当に書きたかったのは、自分が持つノウハウを生かした経営戦略や、プロジェクトマネジメントのスキルを応用して充実した人生を送る方法といったテーマです。

でも、無名の人間がそんな本を出したいと言っても、とりあってくれる出版社はないでしょう。そこで、自分が持っているものの中で、一番の強みは何かと考えると、それはやはり「ソフトバンクの元社長室長」という肩書きしかないという結論になりました。

先ほども言った通り、当時のソフトバンクは知名度も評価も低く、アンチも多かったのは事実です。しかし、私がナンバーワンになれる土俵はそこしかありません。

土俵がどんなに小さくても、例えば「ベンチャー企業が大好き」という人は一定数いるはずだから、そこで勝負して勝てばいい。そう考えて、「ソフトバンクの元社長室長」という経歴を前面に打ち出した企画書を作り、出版社に送りました。

もちろん、ここでは「くじ箱戦略」を使います。

このテーマに関心を持ってくれそうなビジネス系の出版社（＝当たりの多そうなくじ箱）を探して、二〇社近くに企画書を送りました。

「出版社ごとに傾向を分析して、少しずつ企画書の書き方を変える」といったことは、まったくしませんでした。

そんなことをしていたら、時間も労力もかかります。くじ箱戦略では安いくじをたくさん引くのがルールですから、ここで余計なコストはかけないことにしました。企画書を一種類作ったら、どんどんプリントアウトして、封筒に入れて送るだけです。

とはいえ、大半は何の音沙汰もなし。企画書を見てくれた編集者がいても、「こんな企画じゃ無理ですよ」と辛辣《しんらつ》なダメ出しをされました。

そんな経験をしつつも、あきらめずにくじを引き続けた私に、ようやく当たりが出ました。企画書を送ったうちの一社から、「本を出しましょう」と連絡があったのです！

こうして私は、念願の著書を出版することができました。

すると、この本がそこそこ売れたので、他の出版社からも本を出さないかと声をかけてもらえるようになりました。

小さくてもいいから、一つでも実績を作れば、さらに高いステップへと上がって行ける。「わらしべ戦略」の効果を、私はまさに実感しました。

著作がきっかけで起業家たちと出会い社外取締役を依頼される

さらには、計画していた通り、企業の講演会や勉強会に呼ばれる機会も増えました。

その中に、私より少し下の世代の若い起業家たちが集まる勉強会がありました。メンバーの一人が私の本を読んで、講師として呼んでくれたのです。

この勉強会に何度か参加したことで、私の目標は現実のものとなりました。

そこで知り合った二つの会社の経営者から「社外取締役をお願いできませんか」と依頼されたのです。

もちろん喜んで引き受けました。そして、私が持つノウハウや経験をもとにアドバイスをしたところ、二つの会社はいずれも急成長を遂げました。

すると、私の貢献を知った他の会社からも、社外取締役や監査役のオファーを受けるようになったのです。

こうして現在は七社で社外取締役や監査役を務めています。

七社というのは、意図的な数です。これ以上増やすつもりは今のところありません。「マジックナンバー7」（九二ページ参照）の通り、これより増えると責任を持って管理できなくなるからです。

かといって、一社や二社に絞ろうとも思いません。

なぜなら、数が少なすぎると「あまり厳しい意見を言って、社外取締役を辞めさせられたら嫌だな」という自己防衛の心理が働く恐れがあるからです。

私はたとえ厳しいことでも、本当にその会社のためになるなら、遠慮なく言うべきだと考えています。そうでなければ社外取締役になった意味がありませんし、未来ある若い会社をより速い成長へ導くこともできません。

そもそも社外取締役というのは、さまざまな立場から発言しなくてはいけません。時には従業員の立場になって「働く環境をもっと整えろ」と言ったり、時には株主の立場になって「業績が悪かったのだから、役員の報酬を減らせ」と言ったりしなくてはいけないわけです。よって、どんな立場からも自由にものが言える人でないと、社外取締役は本来務まらないはずです。

その意味でも七社というのは、ちょうどいい数です。もし一社や二社から「辞めてください」と言われても、残りの企業でまだまだ役目を果たすことができます。

それに、七社の社外取締役を務めるということは、七ヶ所からお金が入るということでもあります。

社外取締役をしているのはお金を稼ぐことが目的ではありませんが、安定した収入がなければ、自由に行動できないのもまた事実です。「ここをクビになったら、生活ができなくなる」と考えて、結果的にお金に束縛されることがないよう、あらかじめ収入を分散しておくことは、自由に生きるためには大事なことではないでしょうか。

夢だった国家プロジェクトからもオファーが

収入が安定して得られるようになったことで、報酬を目的としない仕事も引き受けられるようになりました。

国家プロジェクトは、まさにそんな類いの仕事です。民間の仕事と違い、売上げや利益を出すのが目的ではなく、ただひたすら問題解決に打ち込まなくてはいけないのですから。

そんな私のもとに、国からの依頼が舞い込むようになりました。

最初に携わった国のプロジェクトが、二〇〇八年に厚生労働省が立ち上げた年金記録問題作業委員会です。社会保険庁（現・日本年金機構）が統合を進めていた年金番号の記録漏れが明らかになり、「消えた年金」として社会問題になったのを覚えている方も多いでしょう。

きっかけは、当時の厚生労働大臣だった舛添要一氏が、「システムを活用したオペレーションに詳しくて、問題解決が得意な人間はいないか?」と周囲に相談したことでした。それをソフトバンク出身の人物が耳にして、私を推薦してくれたのです。ちなみにこの時、民間から参加したメンバーは私だけでした。他は全員、官僚の方たちです。

そんななか、私はソフトバンクでの経験をもとに業務改善を手がけ、その結果、約一年で業務効率を四倍に高めることができたのです。そして、この実績が認められ、他のプロジェクトからも声がかかるようになりました。

こうして見ると、今の私のキャリアは、一冊の本の出版から始まる「わらしべ戦略」を実践してきた結果であることがよくわかります。

独立してから約十年が経ちますが、気がつくと大きな目標＝ゴールに限りなく近づいているという手応えがあります。

そんな私も、もとをたどればただの凡人です。

これは謙遜でもなんでもありません。孫社長という天才のそばにずっといたからこそ、非凡な人間と平凡な人間の差はいやというほど理解しています。

しかし、たとえ普通の人であっても、私のように目標を実現することはできるのです。だから成し遂げたい目標がある人は、ぜひこの本で紹介したノウハウを実践してみてほしいと思います。

最初はどれか一つで構いません。とにかく一回やってみる。本書でも伝えたこの極意を、ぜひこの瞬間から実行してほしいと願っています。

今の私の目標は、私の経験やノウハウを一人でも多くの人に役立ててもらうことです。そして皆さんにも、ぜひ自分の目標をかなえてハッピーになってほしい。この本がその力になれたら、私にとってこれほど幸せなことはありません。

三木雄信

PHP
Business Shinsho

三木雄信（みき・たけのぶ）

1972年、福岡県生まれ。東京大学経済学部経営学科卒。三菱地所㈱を経てソフトバンク㈱に入社。27歳で同社社長室長に就任。孫正義氏のもとで「ナスダック・ジャパン市場開設」「日本債券信用銀行（現・あおぞら銀行）買収案件」「Yahoo! BB事業」などにプロジェクトマネジャーとして関わる。

2006年にジャパン・フラッグシップ・プロジェクト㈱を設立し、同社代表取締役社長に就任。同年、子会社のトライオン㈱を設立し、2013年に英会話スクール事業に進出。2015年には英語学習1年完全サポートプログラム『TORAIZ』（トライズ）を開始し、日本の英語教育を抜本的に変えていくことを目指している。

また自社経営のかたわら、東証一部上場企業、マザーズ公開企業をはじめ複数の取締役・監査役を兼任。その一方で、厚生労働省年金記録問題諮問委員など、公職も多数経験。

著書に、『「Ａ４一枚」仕事術』『世界のトップを10秒で納得させる資料の法則』（ともに東洋経済新報社）、『孫正義「規格外」の仕事術』（PHPビジネス新書）、『海外経験ゼロでも仕事が忙しくても「英語は１年」でマスターできる』（PHP研究所）、『なぜあの人は中学英語で世界のトップを説得できるのか』（祥伝社）ほか多数。

PHPビジネス新書 354

孫正義社長に学んだ「10倍速」目標達成術

［新書版］夢を「10倍速」で実現する方法

2016年5月2日　第1版第1刷発行

著　　者　三木雄信
発 行 者　小林成彦
発 行 所　株式会社PHP研究所
東京本部　〒135-8137　江東区豊洲5-6-52
ビジネス出版部　☎03-3520-9619（編集）
普及一部　☎03-3520-9630（販売）
京都本部　〒601-8411　京都市南区西九条北ノ内町11
PHP INTERFACE　http://www.php.co.jp/
装　　幀　齋藤 稔（株式会社ジーラム）
組　　版　朝日メディアインターナショナル株式会社
印 刷 所　共同印刷株式会社
製 本 所　東京美術紙工協業組合

©Takenobu Miki 2016 Printed in Japan
ISBN978-4-569-83083-4
※本書の無断複製（コピー・スキャン・デジタル化等）は著作権法で認められた場合を除き、禁じられています。また、本書を代行業者等に依頼してスキャンやデジタル化することは、いかなる場合でも認められておりません。
※落丁・乱丁本の場合は弊社制作管理部（☎03-3520-9626）へご連絡下さい。送料弊社負担にてお取り替えいたします。

「ＰＨＰビジネス新書」発刊にあたって

わからないことがあったら「インターネット」で何でも一発で調べられる時代。本という形でビジネスの知識を提供することに何の意味があるのか……その一つの答えとして「**血の通った実務書**」というコンセプトを提案させていただくのが本シリーズです。

経営知識やスキルといった、誰が語っても同じに思えるものでも、ビジネス界の第一線で活躍する人の語る言葉には、独特の迫力があります。そんな、「**現場を知る人が本音で語る**」知識を、ビジネスのあらゆる分野においてご提供していきたいと思っております。

本シリーズのシンボルマークは、理屈よりも実用性を重んじた古代ローマ人のイメージです。彼らが残した知識のように、本書の内容が永きにわたって皆様のビジネスのお役に立ち続けることを願っております。

二〇〇六年四月

ＰＨＰ研究所